基本

100 种令人垂涎欲滴的食谱，配以精美的彩色图像，帮助您制作美味营养的餐点，滋养您的身心

波 邵

目录

介绍

什么是骨汤？

骨汤，有时也称为原汤，是由沸腾的动物骨头和结缔组织制成的液体。厨师使用高汤作为汤、酱汁和肉汁的基础。有些人自己喝。自人类诞生以来，人们就一直在制作骨汤。人类学家认为，早在史前时代，人们就开始饮用含有骨头和其他动物器官的液体。

有 100 张彩色图片（每个食谱一张），帮助您制作出看起来和味道一样好的菜肴。

简而言之，骨头汤的主要好处是：

A. 如果您患有关节炎或任何关节痛，就像我因关节镜膝关节手术和在每个膝盖上植入的两个铆钉所做的那样，喝骨汤有助于关节健康，并可能有助于减轻不适。

B. 如果您想要由内而外焕发光彩的皮肤，请先使用骨汤来支持您的消化系统健康，因为我们的自然美与我们的肠道密切相关。

C. 如果您怀孕或准备怀孕，除了乳制品，骨头汤也是钙的来源。请记住，即使您没有从饮食中摄取足够的钙，也不会影响宝宝的发育，因为宝宝只会从您的骨骼中获取所需的钙。

D. 骨汤含有胶原蛋白，有助于自然预防和去除妊娠纹。妈妈，您不需要那些昂贵的面霜！

E. 骨汤促进解毒，从而减少宿醉的影响。

鱼和海鲜

1. 鱼骨汤

原料：

- 2磅鱼头或鱼体
- 盐的味道
- 7 – 8 夸脱的水 + 额外的漂白水
- 2 英寸生姜，切片
- 2汤匙柠檬汁

指示：

a) 焯鱼：将水和鱼头放入大锅中。把锅放在高温下。

b) 当它沸腾时，关掉暖气并倒掉水。

c) 把鱼放回锅里。倒入 7-8 夸脱水。

d) 把锅放在高温下。加入生姜、盐和柠檬汁。

e) 当混合物沸腾时，减少热量并盖上盖子。炖4小时。

f) 远离热源。当它冷却下来时，用金属丝网过滤器过滤到一个大罐子里。

g) 冷藏5-6天。未使用的肉汤可以冷冻。

2. 撞倒

原料：

- 2磅腌制或腌制的鲭鱼
- 1罐椰奶
- 1 个切成薄片的洋葱
- 3瓣压碎的大蒜
- 1 个切碎的西红柿
- 2 个切碎的葱
- ½ 切成薄片的苏格兰帽子胡椒
- 新鲜或干百里香小枝
- 8杯水

指示：

a) 把鲭鱼的骨头去掉，切成小块。

b) 放入碗中，将沸水倒在鱼上以没过鱼。

c) 静置 30 分钟，然后沥干水。

d) 将椰奶倒入锅中，加入大蒜和番茄。葱、苏格兰帽胡椒、洋葱和百里香。

e) 将混合物煮至洋葱变软，然后将鱼皮面朝下加入，将火调小，用文火炖约 10 分钟，直至鱼完全煮熟。

3. 海鲜藜麦沙拉汤

原料：

- 1 杯生藜麦
- 1 ½杯鸡骨汤
- 1（6 盎司）金枪鱼牛排
- 8 盎司中型虾，去皮去内脏
- 1 茶匙老海湾调味料
- ½茶匙黑胡椒粉
- 1 个鳄梨，切丁
- ½杯红洋葱，切成薄片
- 2 个萝卜，切成薄片
- 1 个塞拉诺辣椒，切片
- ¼ 杯新鲜香菜叶，切碎
- 服务用柠檬角

对于敷料：

- ⅓杯特级初榨橄榄油
- 2汤匙柠檬汁
- 1汤匙第戎芥末
- 1 茶匙老海湾调味料
- ½茶匙黑胡椒粉

指示：

a) 将藜麦放入一个中等大小的平底锅中，并盖上鸡骨汤。煮沸，然后关小火，盖上盖子，用文火炖 12-14 分钟，或直到所有肉汤都被吸收。从火上移开并盖上盖子再放置 5 分钟。

b) 在金枪鱼牛排的每一面刷一些橄榄油。撒上 ½ 茶匙 Old B ay 调味料和 ¼ 茶匙黑胡椒粉。搁置。

c) 将虾放入一个中等大小的碗中，加入 ½ 茶匙 Old Bay 调味料和 ¼ 茶匙黑胡椒粉调味。混合好，放在一边。

d) 在铸铁锅或烤盘上涂上油脂，然后用中高温加热。一旦煎锅变热，将虾一层一层地放在上面，为金枪鱼排留出一些空间。将虾的每一面不受干扰地煮 2 分钟。

e) 在虾煮熟前一分钟，将金枪鱼排放在烤盘上；每边灼烧 30 秒。

f) 将金枪鱼和虾从火上移开，放凉，然后切成方块。

g) 将牛油果、洋葱、萝卜、塞拉诺胡椒切碎，香菜切碎。

h) 在一个小碗里，将调味料混合均匀。

i) 将所有成分放入一个大搅拌碗中。把敷料倒在上面。拌匀。

j) 盛盘并与柠檬角一起食用。

4. 贻贝与 白酒酱

原料：

- 2磅贻贝
- 3汤匙晒干的西红柿
- 2汤匙无盐黄油
- 1茶匙红辣椒片
- ½杯洋葱， 切丁
- ½杯白葡萄酒
- 3 瓣大蒜， 切碎
- ½杯鸡骨汤
- 盐的味道
- 柠檬角和欧芹佐餐

指示：

a) 用冷水冲洗干净所有贻贝。检查您的贻贝是否已经去须。（养殖的贻贝通常是去胡须的。）如果没有，通过去除从贻贝侧面伸出的一组棕色细绳来去除贻贝的胡须。如果您看到任何贝壳打开的贻贝，请在台面上轻轻敲打它们。丢弃那些不关闭的。另外，丢弃贝壳破裂的贻贝。

b) 在大的宽底煎锅或平底锅（带盖）中用中高温融化黄油。加入洋葱、大蒜和少许盐。炒至半透明，约 2 分钟。

c) 加入晒干的西红柿和红辣椒片，炒香约 30 秒。

d) 将所有贻贝放入锅中，将白葡萄酒和鸡骨汤倒在贻贝上。

e) 立即盖上盖子，煮 5 分钟。在烹饪过程中盖上盖子摇动平底锅一次或两次，使贻贝散开。

f) 5 分钟后，打开盖子检查贻贝。现在几乎所有这些都应该开放了。丢弃那些仍然关闭的。如果你有太多封闭的，盖上盖子，再煮 1-2 分钟。

g) 挤一些柠檬汁，用切碎的欧芹装饰，直接从锅里上桌，或者在意大利面条上加贻贝酱上桌。

5. 有益健康的鱼杂烩

原料：

- 1磅罗非鱼片
- 1磅黄土豆
- 12 盎司胡萝卜
- 1小束新鲜香菜
- ½杯白洋葱，切碎
- 8 杯鸡骨汤（4 箱）
- 橄榄油、盐和胡椒
- 2 茶匙老海湾调味料
- 服务用柠檬角

指示：

a) 将烤箱预热至 350°F。解冻鱼并用纸巾拍干。用橄榄油刷鱼。在每个鱼片上撒上少许盐和胡椒粉。

b) 将准备好的鱼片放在烤盘中，不要重叠。烘烤 14 分钟。

c) 烤鱼的同时，在大平底锅中加入鸡骨汤，快速煮沸。

d) 去皮切碎。将它们放入沸腾的骨汤中，然后将热量降至中高。盖上盖子煮 15 分钟或直到蔬菜变软。

e) 将蔬菜和适量的肉汤放入搅拌机中，加入香菜和洋葱，搅拌 10 秒或直至顺滑。现在你已经做了一个有益健康的杂烩汤底。

f) 将杂烩汤底料放回同一个平底锅中。

g) 用叉子将煮熟的鱼掰成小块，然后将鱼块放入杂烩汤底中。

h) 加入 Old Bay Seasoning 并搅拌均匀。用中火再炖 5 分钟。

i) 与柠檬汁和烤面包一起食用。

牛肉、羊肉和猪肉

6. 牛肉蔬菜汤

原料：

- 16 盎司番茄酱
- 1 个红辣椒
- 1茶匙盐
- 1 卷心菜，切碎
- 15 盎司英国豌豆
- 1 磅炖牛肉，立方体
- 1茶匙胡椒粉
- 7杯水
- 2块牛肉汤骨头
- 4 个土豆，切块
- 4根胡萝卜，切碎
- 17 盎司整粒玉米

指示：

a) 将配料混合在 Crockpot 中。

b) 低火煮 3 小时。

7. 锅中的肉汤Joumou

原料：

- 1 杯加 1 汤匙蒸馏白醋，分开
- 1 磅牛小腿，切成方块并用醋冲洗
- 2个萝卜，切碎
- 1 个绿色苏格兰帽子或哈瓦那辣椒
- 1 磅炖牛肉，切成方块并用醋冲洗
- 1 杯 Epis 调味料
- 1 个中等大小的葫芦南瓜，去皮并切块
- 3 个黄褐色土豆，切碎
- 3汤匙新鲜酸橙汁
- 1汤匙调味盐
- 15 杯牛肉或蔬菜汤，被分割的
- 1磅牛骨
- 3根胡萝卜，切片

- ½ 绿色卷心菜，切成薄片
- 1 个洋葱，切片
- 1根芹菜杆，粗切
- 1 根韭菜，只有白色和淡绿色的部分，切碎
- 1 支百里香小枝
- 2汤匙橄榄油
- 1½ 杯通心粉
- 6 整个丁香
- 1茶匙大蒜粉
- 1茶匙洋葱粉
- 2.5 茶匙粗盐，再加上更多
- ½ 茶匙现磨黑胡椒，加上更多
- 一小撮辣椒，再加上更多
- 1 根欧芹小枝
- 1汤匙无盐黄油

服务

- 硬皮面包

指示：

a) 混合酸橙汁、调味盐和 Epis 调味料。

b) 加入牛肉，腌制至少 30 分钟或过夜。

c) 在一个非常肉汤的锅里，用中火加热 5 杯肉汤。

d) 加入腌制好的牛肉和骨头，盖上锅盖炖约40分钟。

e) 将南瓜放入平底锅中，放在牛肉上面，盖上盖子，煮 20 到 25 分钟，或者直到叉子变软。

f) 将南瓜放入搅拌机中。加入 4 杯肉汤，打成泥状。

g) 带回锅里炖。

h) 加入剩余的 6 杯肉汤、土豆、胡萝卜、卷心菜、洋葱、芹菜、韭菜、萝卜、辣椒、通心粉、丁香、大蒜粉、洋葱粉、盐、胡椒粉、一小撮辣椒粉和剩余的蔬菜。

i) 炖30分钟。

j) 加入油、黄油和最后一汤匙醋。

k) 用中低火再炖 15-20 分钟，或直到牛肉变得非常嫩。

l) 把肉汤盛在碗里，面包放在一边。

8. 牛腩牛肚汤

原料：

- 1 根葱，切碎
- 1 包牛尾骨，包括肉
- 调味料
- 1.5 加仑水

指示：

a) 将牛尾放入装有水的碗中浸泡，去除多余的血水，换水 2-3 次。

b) 准备好后，将骨头放入一个大锅中，并用 1.5 加仑水覆盖。

c) 放在炉子上至少煮6小时，煮的时间越长味道和肉质越好。

d) 烹饪时，不断撇去出现在顶部的油，烹饪时将水位保持在 1 加仑左右。

e) 一旦完成，颜色应该看起来像奶油色。

f) 正确调味。

g) 与牛尾一起盛在碗中，将切碎的葱撒在上面。

9. 味噌汤

原料：

- 1 根中等大小的胡萝卜（去皮并切碎）
- ½ 个洋葱（去皮并切碎）
- ½ 个苹果（去核、去皮并粗切）
- 1 根芹菜（粗切）
- 3 瓣大蒜（去皮）
- 120 毫升椰子油
- 2汤匙芝麻油
- 340 克碎肉
- 2 茶匙鲜姜（切片）
- 1茶匙西拉查
- 2汤匙酱油
- 1茶匙苹果醋
- 1茶匙盐

- 1汤匙芝麻
- 175 毫升味噌
- 175 毫升红味噌
- 475 毫升鸡肉或蔬菜汤

指示：

a) 将胡萝卜、洋葱、苹果和芹菜棒勾好。

b) 将椰子油和 1 茶匙芝麻油放入大平底锅中，用中火加热。然后将切碎的蔬菜和水果在锅中煎约 10-12 分钟，直到洋葱呈半透明状，苹果呈浅褐色。然后稍微降低热量。

c) 将蜂蜜酒加入锅中，等待大约 8-10 分钟，直到蜂蜜酒不再呈粉红色。加入生姜、酱油、苹果醋和盐，搅拌均匀。

d) 将整个混合物放入食品加工机中，直到肉被磨得很细。

e) 将芝麻和味噌加入混合物中，搅拌均匀。稠度应该像浓稠的糊状物。这创造了味噌的基础。

f) 将蔬菜或鸡汤煮沸。加入 6 茶匙味噌粉底。

g) 将现成的肉汤放入两个碗中（每个碗约 235 毫升），然后根据需要加入意大利面和配料。

10. 猪骨汤

原料：

- Seabura（熟猪腰肉）
- 700 克猪肉，切条
- 水

猪骨汤

- 225 克鸡脚（洗净，去皮去脚趾）
- 3.6 - 4.5 千克猪肘（破损，用于骨髓）
- 455 克土豆（去皮并粗切）
- 4.7 升水
- Shiodare（咸味）
- 1 大矩形海带
- 2 小干香菇（压碎）
- 946 毫升水

- 2茶匙鲣鱼片
- 300 克地毯壳
- 140克盐
- Shoyu dare（酱油味）

指示：

a) 开始之前，准备叉烧。

b) 从 Seabura 开始：将猪里脊放入平底锅中，用水覆盖。将水短暂煮沸，然后用文火炖 4 小时。

c) 烹饪猪骨肉汤：将水放入单独的平底锅中煮沸。将鸡脚焯水，擦干，然后将它们与猪肘和土豆一起放入高压锅中。用 4.7 升水覆盖所有东西。确保水和其他配料不会填满锅的一半以上。

d) 加热锅直到蒸汽从压力阀中逸出（这最多需要 20 分钟）。等待大约。10 分钟，直到锅充满蒸汽。将热量设置为最高水平，让它煮一个小时。

e) 制作 Shiodare：取一个中等大小的平底锅，将海带、香菇和 950 毫升水煮沸。减少热量，大约 5 分钟。取出海带和香菇，将液体倒入干净的中型平底锅中。

f) 将鲣鱼片加入液体中，煮沸。文火煮 5 分钟。挤压鲣鱼片并将其从肉汤中取出。将肉汤放入干净的中型平底锅中。

g) 将肉汤煮沸并加入地毯蛤蜊。文火煮 5 分钟。用筛子取出贻贝。将一升肉汤转移到一个新的平底锅中，加入盐（140克）。

h) 一个小时后，将高压锅从炉子上取下并释放压力。压碎猪骨，露出骨髓。把整个东西在低温下再煮一个小时，一遍又一遍地搅拌。

i) 将茶树和 shiodare 各一茶匙添加到您计划在用餐时使用的肉汤碗中。

j) 把炖好的猪肉从炉子上取下来，倒掉水。将肉切成小块（约 5 厘米）。将整块肉一块一块地推过粗筛，将其切碎。 Seabur a 准备好了。

k) 把肉汤从高压锅里滤出来，放在一个单独的平底锅里，保温。上菜前将肉汤再次煮沸。

l) 将叉烧切成6毫米长的块，放入锅中炸至酥脆。

m) 要完成您的肉汤，请将滚烫的猪骨肉汤（235 毫升）加入肉汤碗中。在每份中加入一茶匙 Seabura。根据需要添加意大利面和浇头。

11. 清洋葱汤

原料：

- 6 杯牛肉汤
- 2 个洋葱（切丁）
- 1根芹菜茎（切丁）
- 1 根胡萝卜（去皮切丁）
- 1汤匙大蒜（切碎）
- ½ 茶匙生姜（切碎）
- 1茶匙芝麻油
- 1 杯纽扣蘑菇（切成薄片）
- ½ 杯大葱（切片）
- 品尝盐和胡椒
- 品尝酱油（可选）
- 品尝是拉差（可选）

指示：

a) 在锅中加入少许油，将洋葱炒至略微焦糖化。大约 10 分钟。

b) 加入胡萝卜、芹菜、大蒜、生姜、芝麻油和肉汤。用盐和胡椒调味。

c) 煮沸，然后文火煮 30 分钟。

d) 从肉汤中滤出蔬菜。

e) 在碗中加入一把葱和切成薄片的蘑菇。把肉汤舀在上面。

f) 可选：加入少许酱油和 sriracha 调味。

12. 野营锅烤肉汤

原料：

- 4-6 乡村猪肉
- 4 个中等大小的洋葱，去皮并横向切成三分之一
- 6-7 个中等大小的土豆，去皮并切成两半
- 1大袋小胡萝卜
- ½杯芹菜块
- 盐和胡椒
- 烧烤酱（可选）

指示：

a) 将排骨、土豆、洋葱、胡萝卜和芹菜放入大锅或烤炉中。全部用水覆盖。盐（约 1 ½ 茶匙）和胡椒粉（略微盖过水）。

b) 将锅放在火上，慢慢煮几个小时，然后钓鱼、游泳或享受户外活动。

c) 回来时晚餐已经做好了。为了调味，将蔬菜中的肉取出，放入装有烧烤酱的平底锅中（肉会从骨头上掉下来）；加入酱汁在火上搅拌约 5-10 分钟（蜂蜜烧烤酱最好）。

13. 猪肉拉面汤

原料：

- 1.1磅的猪骨，没有任何肉，切成大块
- 2 ¾ 磅猪蹄，只有腿部，切成小块
- 1 只鸡尸体
- 5.3 盎司猪皮
- 7 ½ 夸脱水和额外的水来漂白

指示：

a) 烫骨头：拿一个大锅。放入猪蹄和猪骨。倒入足够的水没过骨头。

b) 将锅放在中火上。让它沸腾约 10 分钟。远离热源。取出骨头并将其放在一边。

c) 把水倒掉，把锅冲洗干净。

d)　用锋利的刀清除任何血块和浮渣的骨头。确保将其全部删除。

e)　将 7.5 夸脱的水加入一个大锅中。煮滚。将骨头加入锅中。另外，加入猪皮。

f)　降低热量，让它慢炖。

g)　最初，浮渣将开始漂浮到顶部。用大勺子去除浮渣并丢弃。也修剪多余的脂肪。

h)　盖上锅盖，用文火炖约 12-15 小时。肉汤的量会减少并且会变稠并且有些浑浊。

i)　远离热源。当它冷却下来时，用金属丝网过滤器过滤到一个大罐子里。

j)　冷藏5-6天。未使用的肉汤可以冷冻。

k)　服务：彻底加热。加入盐和胡椒调味即可食用。

14. 棕色牛肉汤

原料：

- 4磅牛肉汤骨头
- 2汤匙橄榄油
- 1汤匙苹果醋
- 1 枝新鲜欧芹
- 1根芹菜杆；切成三分之一
- 1个小洋葱；去皮切半
- 2瓣大蒜；切碎的。
- 1茶匙干月桂叶
- ½ 茶匙全黑胡椒粒
- 1茶匙粗盐

指示：

a) 在烤盘上涂上橄榄油，然后将牛骨头放在上面。

b) 将骨头在 420 华氏度的烤箱中烤 30 分钟。将骨头翻过来再烤 20 分钟

c) 将速溶锅中的水加满至最大线以下一英寸

d) 添加所有成分；包括烤牛骨头，去水。

e) 固定盖子。将压力释放手柄转到密封位置。

f) 选择手动功能；设置为高压并将时间调整为 75 分钟

g) 当它发出哔哔声时；自然 释放蒸汽 10 分钟，然后打开速溶锅盖。

h) 通过网状过滤器过滤准备好的肉汤并丢弃所有固体，撇去所有表面脂肪并趁热食用。

15. 鹿肉汤

原料：

- 2 或 3 磅鹿肉骨头和一些肉
- 1-16 盎司包装。冷冻肉汤蔬菜
- 1汤匙欧芹
- 1 瓣大蒜，切碎
- 盐和胡椒
- 16 盎司 西红柿罐头

指示：

a) 将骨头放入荷兰式烤炉中，用水勉强覆盖。炖两个小时。取出骨头并用叉子取出所有剩余的肉。骰子任何大块。保留三杯肉汤并丢弃其余的。

b) 加入肉、冷冻蔬菜、欧芹、大蒜、盐和胡椒粉。将西红柿捣碎或切碎，连同罐中的汁一起放入锅中。

c) 搅拌，快速煮沸。将热量降至非常低，盖紧盖子并炖一个小时。如果需要，加一点水。

d) 然后再加入少许胡椒粉即可食用。

16. 羊肉土豆咖喱

原料：

- 6 瓣蒜末
- 3汤匙咖喱粉
- 2汤匙新鲜切碎的姜根
- 2茶匙garam masala 混合香料
- 1 茶匙辣椒粉，烟熏
- 1 茶匙百里香，干燥
- 1 茶匙香菜，磨碎
- 1 & ½茶匙盐，犹太洁食
- 1 茶匙胡椒粉，磨碎
- ¼茶匙孜然，磨碎
- 1汤匙油，橄榄油
- 1茶匙辣椒粉

- 2磅肩胛骨羊排
- 4 x ½" 立方体红色中号土豆
- 1 x 15 盎司罐装未沥干的西红柿丁
- 1杯低钠鸡汤
- 1 个切碎的小洋葱
- 可选：煮熟的热糙米， 供食用

指示：

a) 很大 食品袋，将1 汤匙咖喱粉与 3 瓣大蒜、 1 汤匙生姜、 1 茶匙咖喱混合香料、辣椒粉、百里香、辣椒粉、犹太洁食盐、胡椒粉和香菜、孜然粉各½茶匙和油。

b) 把羊排加入袋子里。密封袋子并通过转动袋子来涂上排骨。冷藏8小时。

c) 将土豆块放入慢炖锅中。加入羊肉。

d) 将肉汤、西红柿、洋葱和剩余的大蒜和调味料放入食品加工机中。盖上它并加工直至混合均匀。

e) 将番茄混合物倒在羊肉和土豆块上。盖上慢炖锅。煮至肉变软，4 至 5 小时。从骨头上取下肉并丢弃骨头。

f) 用 2 把叉子切碎肉。过滤烹饪汁并保留土豆。从果汁中撇去任何脂肪。将羊肉、保留的土豆和烹饪汁放回慢炖锅中， 充分加热。如果需要， 可以在米饭上食用。

17. 味噌猪肉拉面

原料：

- 2磅猪蹄，切成1英寸的圆形
- 2磅鸡肉，去骨，切成条状
- 2汤匙食用油
- 1 个洋葱，切碎
- 8-10 瓣大蒜，切碎
- 1 英寸姜片，切碎
- 2个韭菜，切碎
- ½ 磅大葱，白色和绿色部分分开，切碎
- 1 杯蘑菇，切片
- 2磅猪肩肉，切碎
- 1 杯味噌酱
- ¼杯酱油

- ½ 汤匙 味醂
- 盐，品尝

指示：

1. 将猪肉和鸡肉放入肉汤锅中，加入大量水直至没过。将其放在高温燃烧器上并煮沸。完成后从火上移开。
2. 在铸铁锅中用高温加热少许食用油，然后将洋葱、大蒜和生姜煮约 15 分钟或直至变成褐色。搁置。
3. 将煮熟的骨头放入装有蔬菜、猪肩肉、韭菜、葱白、蘑菇的锅中。用冷水加满。让它在高温下煮沸 20 分钟。关小火，盖上盖子炖 3 小时。
4. 现在，用抹刀去除肩部。并将其放入容器中并冷藏。将盖子放回锅上，再煮 6 到 8 小时。
5. 过滤肉汤并去除固体。搅拌味噌、3 汤匙酱油和一些盐。
6. 将猪肉切碎，与酱油和味淋一起搅拌。用盐调味。
7. 在面条上浇上一些肉汤，然后在上面撒上烧焦的大蒜芝麻辣椒。
8. 将猪肉放入碗中。
9. 在上面放上鸡蛋和其他想要的产品。
10. 享受。

18. 火腿豆汤

原料：

- 1 杯干黑豆（浸泡过夜并沥干
- 1 杯洋葱（切丁
- 1 杯芹菜茎（切丁
- 4 瓣大蒜（切碎
- 1 茶匙干牛至
- 1茶匙盐
- 1 茶匙 Cajun 调味料
- 1 茶匙烟熏液
- 2 茶匙多用途调味料
- 1 茶匙路易斯安那辣酱
- 2个火腿飞节
- 2杯火腿（切丁
- 2杯水

指示：

a) 将所有原料放入 Instant Pot 中并搅拌混合。

b) 放置并锁上盖子，手动将高压烹饪时间设置为 30 分钟。

c) 完成后让压力自然释放 10 分钟，然后快速释放。

d) 从骨头上取下肉并将所有肉切碎，丢弃骨头。

e) 搅拌混合，趁热食用。

19. 香辣羊肉汤

原料：

- 2磅羊骨头
- ½ 茶匙白胡椒粉
- 1茶匙红辣椒片
- 2茶匙辣椒粉
- ¼杯红酒醋
- ¼ 杯芹菜，切碎
- 5 瓣大蒜
- 1 个洋葱，切片
- 1茶匙盐

指示：

a) 将所有原料加入即食锅中，倒入足够的水没过。

b) 盖上锅盖，以慢煮模式煮 6 小时。

c) 允许自然释放压力 10 分钟，然后使用快速释放方法释放。

d) 过滤肉汤并储存。

20. 经典牛肉汤

原料：

- 2磅牛骨头
- ½ 茶匙干罗勒
- 1茶匙胡椒粒
- 4 瓣大蒜
- ½ 杯芹菜茎，切碎
- 2汤匙红酒醋
- 1茶匙海盐

指示：

a) 将所有原料加入即食锅中，倒入足够的水没过。

b) 盖上锅盖，用高火煮 35 分钟。

c) 允许自然释放压力 10 分钟，然后使用快速释放方法释放。

d) 过滤肉汤并储存。

21. 芹菜羊肉汤

原料：

- 2磅羊骨头
- 1茶匙干百里香
- 2 汤匙苹果醋
- ½ 杯芹菜叶
- 2根芹菜茎，切碎
- 2 个洋葱，切片
- 1茶匙盐

指示：

a) 将所有原料加入即食锅中，倒入足够的水没过。

b) 盖上锅盖，用高火煮 15 分钟。

c) 使用快速释放方法释放压力而不是打开盖子。

d) 过滤肉汤并储存。

22. 田根

原料：

- 一些橄榄油
- 一点黄油
- 500 克切碎的羊肉（无骨头）
- 1个洋葱
- 1 块新鲜姜根
- 1块肉桂（约5厘米）
- 一点藏红花
- 200克干果
- 25克芝麻
- 盐和现磨黑胡椒调味

指示：

a) 将肉、洋葱和调味料煎至肉变成棕色。

b) 将肉和洋葱放入锅中。

c) 加水至没过肉的水位，盖上锅盖，炖约1小时。

d) 加入干果，再炖30分钟。

e) 将芝麻放在烤架或干煎锅中烤至棕色。

f) 取出肉桂，用烤芝麻盖住盘子。

23.　猪肉蔬菜汤

原料：

- 2磅放牧猪骨
- ½ 杯胡萝卜；切碎的。
- ½ 杯甜椒
- ½ 茶匙全黑胡椒粒
- 8杯水
- 1茶匙干月桂叶
- 1 枝新鲜欧芹
- ½ 杯大葱；切碎的。
- 1根芹菜杆；切成三分之一
- 1个小洋葱；去皮切半
- 1茶匙粗盐

指示：

a) 将水倒入速溶锅中。

b) 将所有成分加入水中。关闭即食锅盖，将压力释放手柄转到密封位置。

c) 选择手动功能；设置为高压并将定时器调整为 20 分钟

d) 当它发出哔哔声时；自然 释放蒸汽 10 分钟，打开即食锅盖

e) 通过筛网过滤准备好的肉汤并丢弃所有固体，撇去所有表面脂肪并趁热食用。

24. 牛肉胡椒汤

原料：

- 4磅牛肉汤骨头
- 1 杯红甜椒
- 2汤匙橄榄油
- 2瓣大蒜；切碎的。
- ¼ 茶匙红辣椒片
- 1根芹菜杆；切成三分之一
- 1个小洋葱；去皮切半
- ½ 茶匙全黑胡椒粒
- ¼ 茶匙姜黄粉
- 1茶匙粗盐

指示：

a) 在烤盘上涂上橄榄油，然后将牛骨头放在上面

b) 将骨头在 420 华氏度的烤箱中烤 30 分钟。将骨头翻过来再烤 20 分钟

c) 将速溶锅中的水加满至最大线以下一英寸。

d) 添加所有成分；包括烤牛骨到水里。

e) 固定盖子。将压力释放手柄转到密封位置。

f) 选择手动功能；设置为高压并将时间调整为 75 分钟

g) 当它发出哔哔声时；自然 释放蒸汽 10 分钟，然后打开速溶锅盖。

h) 通过筛网过滤准备好的肉汤并丢弃所有固体，撇去所有表面脂肪并趁热食用。

25. 香辣牛肉汤

原料：

- 2磅牛骨头
- ½ 茶匙红辣椒片
- 2茶匙辣椒
- 3汤匙红酒醋
- ¼ 杯洋葱，切碎
- ¼ 杯芹菜，切碎
- ¼ 杯芹菜茎，切碎
- 3 瓣大蒜
- 3 个辣椒
- 1茶匙盐

指示：

a) 将所有配料加入锅中，倒入足够的水没过锅。

b) 盖上锅盖，用高火煮 35 分钟。

c) 允许自然释放压力 10 分钟，然后使用快速释放方法释放。

d) 过滤肉汤并储存。

26. 亚洲风格的拉猪肉真空低温烹调法

制作：3份

原料：

- 1½ 千克 去骨猪颈肉
- 2½ 茶匙五香料粉
- ¼杯海鲜酱
- 3汤匙酱油
- 3汤匙蜂蜜
- 2汤匙米酒（绍兴米酒）
- 2 汤匙生姜，更新鲜，磨碎
- 2汤匙大蒜，压榨
- 1个柠檬，去皮

指示：

a) 您需要一个真空低温烹饪锅、一个真空设备和一个真空袋。我想你可以使用一个非常密集的冷冻袋，但我不会真的相信密度。

b) 如果你有带骨头的猪颈肉，你要么将其取出，要么将两个袋子叠在一起进行真空低温烹调法烹饪，这样骨头就不会在袋子上切出一个洞，水就会进入袋子里。

c) 要么将猪颈肉完整保留，要么将其切成粗糙的方块。前切的好处是肉纤维的长度已经确定。

d) 将腌料的剩余成分混合在一起。

e) 现在将袋子切成足够大的尺寸以进行真空低温烹调法烹饪并且要大方。已经用真空封口机焊缝，把肉放在袋子的开口里。

f) 倒入酱汁并用吸尘器抽真空袋子——小心不要把酱汁弄掉。

g) 在70°C的sous vide cooker中放入足够的水。当达到温度时，将袋子放入，使其完全浸没。提示：我总是添加热水以节省时间。将肉放在水浴中 20 - 24 小时。

h) 同时，一定要检查是否还有足够的液体，最重要的是，袋子是否因产生蒸汽而从肉上浮起。如果是这样，你必须抱怨并压低表面。餐具、钳子等都可以用于此操作 - 请不要使用任何东西，让水远离肉，例如盘子等。

i) 可选：对于薄壳，将烤箱预热至最高温度并烧烤或加热。

j) 煮好后，把袋子拿出来，剪一个小角，把漏出来的液体倒进平底锅里。从袋子里取出肉。现在理论上已经完成了，可以捡起来了。

k) 或者对于薄皮，将肉在外面拍干。放入一个大的耐热盘中，在烤箱中烧烤，直到形成一层薄薄的外壳。然后把肉切碎放在一个大碗里。那应该很容易。现在加入柠檬皮。

l) 试试肉：如果太干，加入一些液体。否则，在炉子上轻轻煮沸泄漏的液体。

m) 为此，您必须使用耐热硅胶刮刀不断搅拌并移动锅底的酱汁，因为液体中含有蜂蜜和海鲜酱 - 两者都容易燃烧。

n) 当达到所需的稠度时，可以将酱汁添加到肉中并混合，或单独食用。我通常将它们混合在一起。混合物也可以用少许水充分松散。

27. 来自牙买加的山羊肉汤

原料：

- 2 磅（包括骨头）山羊肉 - 切成方块
- （可以用羊肉代替）
- 2汤匙咖喱粉
- 2 个洋葱丁
- 2个大葱（或小葱）
- ½茶匙盐
- ½茶匙胡椒粉
- 2 条辣椒（苏格兰威士忌帽子效果很好）
- 1 汤匙新鲜磨碎的生姜
- 6瓣蒜末
- 2 小枝新鲜百里香
- 1汤匙黄油

- ½磅胡萝卜丁
- ½磅土豆丁
- ½杯水

指示：

a) 将咖喱粉、洋葱、葱、盐、胡椒、辣椒、生姜、百里香和半杯水放入搅拌机中混合。如果成分混合不好，请添加更多的水。

b) 将混合物揉入肉块中，在冰箱中腌制过夜。

c) 把肉上的腌料刮掉，留着待会儿用。

d) 将肉和黄油放入煎锅中，轻轻煎成棕色。

e) 将肉放入平底锅中，加入土豆、胡萝卜和保存的腌料，然后加入足够的水没过肉。

f) 煮沸，然后用文火炖至肉变软（这需要 1 - 1.5 小时）。

28. 牛骨汤

原料：

- 3-4磅混合草饲牛骨
- 2 个中等大小的洋葱，切碎
- 2 根中等大小的胡萝卜，切碎
- 3根芹菜茎，切碎
- 2 片月桂叶
- 2 汤匙苹果醋
- 1汤匙胡椒粒
- 8-10 杯水

指示：

a) 将烤箱加热至 400°F。

b) 将混合好的骨头单层放入烤盘中，然后放入烤箱。烤骨头30分钟。将骨头翻过来再烤 30 分钟。

c) 在烤骨头的同时，切碎胡萝卜、洋葱和芹菜。经过长时间的烹饪，你会把这些扔掉，所以粗切一下效果很好！

d) 将烤骨头、切碎的蔬菜、月桂叶、苹果醋和胡椒粒放入 6 夸脱的炖锅中。用水完全覆盖。

e) 盖上锅盖，低火煮 24 小时。根据需要加水，使所有成分都浸在水中，并定期撇去锅顶的泡沫。

f) 24 小时后，肉汤应呈深棕色。丢弃所有固体并将肉汤通过细网过滤器过滤到一个大碗中。如果需要，再次通过粗棉布过滤以去除任何残留的颗粒。

g) 将骨汤舀入梅森罐中，冷却至室温。骨汤可以在冰箱中保存长达两周或冷冻以备将来使用。使用前，先撇去表面堆积的油脂。

29. 香辣骨汤配蔬菜

原料：

- 4 ½ 杯骨汤
- 1 英寸旋钮生姜，切片
- 1 瓣大蒜，捣碎
- ½ 茶匙姜黄粉，品尝
- 2 或 3 个黑胡椒粒
- 捏卡宴
- 捏孜然
- 捏碎豆蔻，可选择的
- 2 杯切碎的深色绿叶蔬菜
- 凯尔特盐或粉红喜马拉雅盐，食用后使用

指示：

a) 将除蔬菜以外的所有原料加入锅中，用文火慢炖 10 至 15 分钟。

b) 在细网过滤器中过滤固体。

c) 将蔬菜加入肉汤中，盖上盖子静置 10 分钟，以获得菠菜等嫩蔬菜。对于羽衣甘蓝等纤维较多的蔬菜，只需在肉汤中慢炖 10 至 15 分钟。

30. 萝卜炖羊肉

原料：

- 2 磅炖羊肉，切成 2 英寸的块
- 3汤匙特级初榨橄榄油
- 5 瓣大蒜，去皮并捣碎
- 2 个泰国辣椒，切片
- ½ 盎司新鲜姜根，切片
- ¼ 杯绍兴酒或雪利酒
- 3汤匙黑酱油
- 2汤匙生抽
- 1杯鸡骨汤
- 1汤匙红糖
- 2 茶匙孜然粉
- 3整颗八角
- 12 盎司萝卜，去皮切块

- 3汤匙玉米淀粉
- 装饰用葱花

指示：

a) 在一个大平底锅中，用水盖住羊肉，煮沸约 5 分钟。沥干并冲洗干净。搁置。

b) 冲洗同一个平底锅并完全晾干，或使用大型荷兰烤箱。用中火加热橄榄油约2分钟；加入大蒜、辣椒和生姜。炒一分钟或直到香。

c) 将羊肉加入荷兰烤箱；煮 5 分钟，经常搅拌。

d) 加入绍兴酒或雪利酒，然后加入黑酱油、生抽、鸡骨高汤、红糖和孜然粉。将八角放入锅中，转为高温。盖起来并煮沸。把火调小，用文火炖 1.5 小时。

e) 烹饪结束前 45 分钟，将白萝卜加入炖羊肉中，搅拌以涂上酱汁，继续炖至熟。

f) 将玉米淀粉溶解在 ¼ 杯冷水中，搅拌成炖羊肉。一旦炖肉变稠，就关火。

g) 用葱装饰，然后浇在米饭或土豆泥上。

31. 烟熏辣椒牛肉炖牛肉

原料：

- 2汤匙橄榄油
- 2 个中等大小的洋葱，切片
- ¼ 杯烟熏西班牙辣椒粉
- 1茶匙海盐
- 1 罐（6 盎司）番茄酱
- 4 茶匙蒜末
- 1 茶匙孜然粉
- 2汤匙玉米淀粉
- 1½杯牛肉骨头汤
- 1 片月桂叶
- 3 磅牛肉夹头烤肉，修剪并切成块
- 1 包（10 盎司）冷冻甜豌豆

- ½杯酸奶油

指示：

a) 在不粘锅中用中高温加热油，直到沸腾。加入洋葱、辣椒粉、盐、番茄酱、大蒜和孜然。Cook 经常搅拌，直到洋葱变软并呈浅褐色（约 8-10 分钟）。

b) 拌入玉米淀粉。混合直到玉米淀粉均匀分布。

c) 加入牛骨汤并搅拌直至混合物变稠，刮掉任何褐色的碎屑（约 2-3 分钟）。

d) 将混合物转移到慢炖锅中。添加月桂叶。用盐和胡椒轻轻调味牛肉，然后加入慢炖锅。盖上锅盖低火煮 8-10 小时或高火煮 5-7 小时。

e) 让烹饪液静置几分钟，然后用大勺子尽可能多地去除表面的脂肪。也去掉月桂叶。

f) 在一个小碗中保留 1 杯烹饪液。加入豌豆，盖上慢炖锅再煮 5 分钟。

g) 在小碗里加入酸奶油。与烹饪液混合直至充分混合。

h) 一旦豌豆变软，将酸奶油混合物搅拌回慢炖锅中。将炖牛肉放在鸡蛋面、米饭或土豆上。

家禽

32. 鸡肉和蔬菜拉面碗

原料：

- 2 磅去皮带骨鸡胸肉
- ½ 杯切碎的新鲜薄荷
- 8 盎司包熟粉丝米粉
- ½ 杯切碎的新鲜香菜
- 6 杯无盐鸡汤
- 1 个红色弗雷斯诺智利，切成薄片
- 3汤匙白味噌
- ½ 茶匙犹太洁食盐
- ¼ 杯切成薄片的葱，仅绿色部分
- 2 杯包装细碎的卷心菜
- 1汤匙菜籽油
- 1.5 杯火柴棍胡萝卜
- 8 盎司包装的切片新鲜香菇

- 2 茶匙烤芝麻油

指示：

a) 在不粘锅中，用中火加热菜籽油。

b) 将鸡肉煮至浅褐色，每面约 3 分钟。

c) 将鸡肉放入慢炖锅中。

d) 加入肉汤和味噌。

e) 将卷心菜、胡萝卜和蘑菇放入搅拌碗中。

f) 盖上锅盖煮 3 小时或直到鸡肉煮熟。

g) 将鸡肉从慢炖锅中取出，放在一边冷却。

h) 取出并处理骨头。

i) 将鸡肉切成一口大小的块，然后将其搅拌到 Crockpot 中的肉汤混合物中。

j) 把面条分到六个碗里。

k) 在面条上，用勺子舀上鸡肉和肉汤的混合物。

l) 均匀地撒上大葱、薄荷、香菜和辣椒片。

m) 将芝麻油均匀地淋在每份上。

33. 加勒比鸡肉蔬菜汤

原料：

- 1杯 切碎的洋葱
- ½杯 切碎的芹菜
- ½杯 红色和绿色甜椒，切丁
- ½ 茶匙 干百里香
- 1杯 水
- 2 月桂叶
- 1茶匙 辣椒粉
- ½ 茶匙 咖喱粉
- ¼茶匙 五香粉粉
- 4½ 杯 低钠鸡汤，脱脂
- ⅛茶匙 现磨黑胡椒
- 1¼磅 去皮鸡胸肉，带骨

- ¼杯 白米饭，干量
- 14½ 盎司 黑豆，煮熟、冲洗并沥干

指示：

a) 将油、芹菜、红辣椒或青椒和洋葱混合在一个大锅中。

b) 将蔬菜煮 5 分钟，同时经常在高温下搅拌。

c) 在肉汤中搅拌的同时加入水、月桂叶、辣椒粉、咖喱粉、百里香、多香果和黑胡椒。

d) 加入鸡肉后煮沸。

e) 炖 25 分钟，或直到鸡肉完全煮熟。定期搅拌。

f) 当鸡肉凉到可以处理时，把它放在一边。

g) 去骨后，将鸡肉切成一口大小的块。

h) 将豆子和米饭加入锅中。

i) 煮 15 分钟，或直到米饭变软。

j) 将鸡肉放回锅中，然后用文火炖 5 分钟。

k) 丢弃月桂叶。

l) 配上脱脂酸奶和切碎的红辣椒。

34. 免疫汤

原料：

- 2汤匙橄榄油
- 1½ 杯切碎的洋葱
- 3根芹菜茎，切成薄片
- 2根胡萝卜，切成薄片
- 1 磅维生素 D 增强蘑菇切片
- 10 瓣大蒜，切碎
- 8 杯无盐鸡汤
- 4 根百里香小枝
- 2 片月桂叶
- 15 盎司罐头无盐鹰嘴豆，沥干
- 2 磅去皮带骨鸡胸肉
- 1½ 茶匙粗盐

- ½ 茶匙碎红辣椒
- 12 盎司卷曲羽衣甘蓝，茎被移除，叶子被撕裂

指示：

a) 在荷兰烤箱中用中火加热油。

b) 加入洋葱、芹菜和胡萝卜；煮 5 分钟，偶尔搅拌。

c) 与蘑菇和大蒜一起煮 3 分钟，经常搅拌。

d) 加入肉汤、百里香、月桂叶和鹰嘴豆，煮沸。

e) 加入鸡肉、盐和红辣椒；盖上锅盖煮 25 分钟，或直到鸡肉煮熟。

f) 用两把叉子，把肉切碎；丢弃骨头。

g) 拌入鸡肉和羽衣甘蓝；盖上锅盖煮 5 分钟。

h) 取出百里香小枝和月桂叶。

35. 汤汤

原料：

- 500 克火鸡骨头（碎）
- 1公升豆浆
- 20 克姜（切片）
- 1根韭菜（切碎）
- 盐
- 400毫升水

指示：

a) 取一个大平底锅，加入火鸡骨头、韭葱、生姜和 400 毫升水。

b) 盖上盖子，让所有东西煮约 15 分钟。

c) 打开盖子，等到肉汤减少到大约。100-150 毫升。

d) 加入豆浆，再煮 10 分钟。警告：豆浆容易燃烧。

e) 过滤肉汤。将每个 235 毫升放入肉汤碗中。根据需要添加意大利面和浇头。

36. 鸡肉和巴马干酪肉汤

原料：

- 2磅整只鸡，切成块
- 3 盎司全脂牛奶
- 1茶匙新鲜柠檬汁
- ½茶匙新鲜生姜，磨碎
- 2 瓣大蒜，切碎
- 4 盎司干酪，在室温下
- 2 根香蕉葱，去皮切碎
- 1 根胡萝卜，切碎
- 2汤匙黄油
- 1汤匙干迷迭香
- ¼茶匙黑胡椒粉
- 海盐，品尝

- 4 杯低钠鸡汤
- ½杯帕尔马干酪，最好是新鲜磨碎的
- 1 汤匙新鲜欧芹，切碎

指示：

a) 在搅拌碗中放入鸡块、牛奶、柠檬汁、生姜和大蒜；让它在冰箱里腌1小时。

b) 将鸡肉和腌料一起加入 Instant Pot。添加干酪、青葱、胡萝卜、黄油、迷迭香、黑胡椒、盐和鸡汤。

c) 固定盖子。按"肉汤"按钮煮35分钟。烹饪完成后，使用快速压力释放。

d) 从烹饪液中取出鸡肉。丢弃骨头，将鸡肉放回速溶锅中。

e) 将新鲜磨碎的帕玛森芝士加入热的烹调液中；搅拌直到它融化，一切都很好地结合在一起。盛入单独的碗中，饰以新鲜欧芹，尽情享用吧！

37. 酱油汤

原料：

- 4茶匙椰子油
- 2 根中等大小的胡萝卜（去皮并切碎）
- ½ 个洋葱（去皮并切碎）
- 3 颗葱（切片）
- 1 个苹果（去核、去皮并粗切）
- 2根芹菜茎（粗切）
- 5 瓣人蒜（去皮）
- 5 朵干香菇（掰成小块）
- 1只整鸡
- 4 块牛尾（每块约 5 厘米）
- 1 个柠檬（四分之一）
- 2.2 升低钠鸡汤
- 175 毫升 酱油

- 4汤匙大石颗粒
- 2茶匙盐
- ½ 茶匙白胡椒粉
- 1 片月桂叶

指示：

a) 将椰子油、胡萝卜、洋葱、苹果、芹菜、香菇和干香菇放入砂锅中。

b) 然后加入整只鸡、牛尾和柠檬。将荷兰烤炉放入烤箱烤8-10小时，加热至90°C，当牛尾很容易从骨头上脱落时，就完成了。

c) 使用漏勺去除较粗的部分。把剩下的放在一个大平底锅里。您现在应该得到一碗棕色、闪亮、高脂肪的肉汤。

d) 将肉汤在平底锅中煮沸。在每个肉汤碗中放入 235 毫升的肉汤。根据需要添加意大利面和浇头。

38. 盐汤

原料：

- 1 根中等大小的胡萝卜（去皮并切碎）
- ½ 个洋葱（去皮并切碎）
- 3 颗葱（切片）
- ½ 个苹果（去核、去皮并粗切）
- 1 根芹菜杆（切段）
- 3瓣大蒜
- 5个新鲜香菇
- 120毫升椰子油
- 1茶匙芝麻油
- 3汤匙鱼汤颗粒
- 2茶匙盐

肉汤：

- 2 茶匙无盐黄油（每份）
- 低钠鸡肉或蔬菜汤（每份 235 毫升）
- 味醂（甜米酒；每份 2 茶匙）
- 1 大块矩形海带（约 25 厘米长，粗切）
- 干香菇（压碎；每份 2 个蘑菇）

指示：

a) 将胡萝卜、洋葱、葱、苹果、蒜瓣和新鲜香菇放入食品加工机中，切碎直至形成糊状。

b) 在中型平底锅中用中火加热椰子油和芝麻油。加入果蔬糊，煮约 10-12 分钟。然后加入鱼汤颗粒和盐。搅拌均匀。

c) 对于肉汤，将黄油放入一个大平底锅中，然后用中火加热。当黄油开始变成浅棕色并散发出坚果味时，加入鸡汤或蔬菜汤、味醂、海带和干香菇。把它烧开。

d) 然后减少热量，让它炖 15 分钟。使用漏勺去除较粗的部分。添加 Shio 蔬菜和水果基地。

e) 将每个 235 毫升放入肉汤碗中。根据需要添加意大利面和浇头。

39. 鸡羽衣甘蓝汤

原料：

- 2.5磅鸡肉（只有骨头
- 1个小洋葱；去皮切半
- 1茶匙干月桂叶
- 1根芹菜杆；切成三分之一
- 1 枝新鲜羽衣甘蓝
- 8杯水
- 盐和黑胡椒调味

指示：

a) 将水倒入速溶锅中。

b) 将所有材料放入水中。关闭即食锅盖，将压力释放手柄转到密封位置。

c) 选择手动功能；设置高压并将定时器调整为 60 分钟

d) 当它发出哔哔声时；自然 释放蒸汽 10 分钟，然后打开速溶锅盖。

e) 过滤准备好的肉汤并丢弃所有固体，撇去所有表面脂肪并趁热食用。

40. 鸡汤面

原料：

- 3 ½ 磅肉鸡/炸鸡，切碎并剥皮
- 2 医学。胡萝卜，去皮切碎
- ½c。洋葱，切碎
- 2根芹菜茎，切碎
- 2½茶匙盐
- 2茶匙干欧芹片
- ¾ 茶匙干马郁兰叶
- ½茶匙干罗勒叶
- ¼ 茶匙家禽调味料
- ¼茶匙胡椒粉
- 1 片月桂叶

- 8摄氏度水
- 2 ½摄氏度。中号鸡蛋面，生的

指示：

a) 放入瓦罐中。混合盐和接下来的 6 种成分，撒在蔬菜上。加6杯水；盖上盖子并在低温下煮 8 到 10 小时。去除鸡肉和月桂叶；加入剩余的 2 杯水。加入面条，盖上盖子，在高温下煮 20 分钟。

b) 同时从鸡肉中取出骨头并将鸡肉切成一口大小的块。加入瓦罐，搅拌混合。

c) 在高温下煮 15 分钟，盖上盖子或直到面条变软。

41. 南火鸡肉汤

原料：

- 2 茶匙椰子油
- 2 个洋葱，切碎
- 2 瓣大蒜，切碎
- ½茶匙新鲜磨碎的生姜
- 2 个西红柿，切碎
- 1 根带叶芹菜茎，切碎
- 1茶匙干罗勒
- 1/2 茶匙干迷迭香
- 1 片月桂叶
- ¼茶匙现磨黑胡椒粉
- ½茶匙红辣椒片，压碎
- 海盐，品尝
- 3 火鸡大腿

- 4 杯烤蔬菜汤
- 1⁄4 杯新鲜欧芹，切碎

指示：

a) 按“Sauté”按钮加热 Instant Pot。现在，加热油。煮洋葱和大蒜，直到变软并散发出香味。

b) 加入磨碎的生姜、西红柿、芹菜、罗勒、迷迭香、月桂叶、黑胡椒、红辣椒、盐、火鸡大腿和蔬菜汤。

c) 固定盖子。选择“手动”设置并在高压下煮 15 分钟。烹饪完成后，使用快速压力释放；小心取下盖子。

d) 肉汤中取出火鸡大腿；丢弃骨头，切碎肉并将其放回速溶锅中。

e) 加入新鲜欧芹，搅拌均匀。在单独的碗中食用。祝你胃口好！

42. 野鸡米汤

原料：

- 1只野鸡， 切块
- 水覆盖

肉汤：

- 1 夸脱。肉汤
- 1 根胡萝卜，切成丁（1 /3 至！c.）
- 2汤匙洋葱丁
- tc。芹菜丁
- 1 杯切丁的熟野鸡
- 2汤匙米饭
- l茶匙芹菜盐
- ！茶匙盐或更多口味
- t茶匙胡椒粉

指示：

a) **对于野鸡：**煮 30 到 40 分钟，直到肉变软 并且很容易从骨头上脱落。凉爽的。从骨头上取下肉并过滤肉汤。

b) **对于肉汤：**混合所有成分并用文火煮 15 分钟。这可以提前制作并重新加热即可食用。与脆饼干一起食用。

43. 鸡骨汤

原料：

- 1个鸡骨头
- 6杯水
- ¼ 杯苹果醋
- 1汤匙海盐

指示：

a) 将所有配料加入速溶锅中。

b) 盖上锅盖，手动模式煮 60 分钟。

c) 允许自然释放压力 10 分钟，然后使用快速释放方法释放。

d) 过滤肉汤并储存。

44. 鸡肉椰子汤

原料：

- 2 瓣大蒜，切碎
- 2汤匙植物油
- 4汤匙咖喱粉
- 3杯鸡汤
- 两罐 14 盎司无糖椰奶
- 1杯水
- 2 根柠檬草茎，丢弃外面的叶子，修剪末端，切碎 5 英寸的下部茎
- 十片 ⅛ 英寸厚的去皮新鲜姜根片
- 1茶匙黑胡椒粒
- 1 整只带皮和骨头的鸡胸肉（约 1 磅）
- ½磅干米粉（米粉）

- 6 汤匙新鲜酸橙汁
- 6 汤匙亚洲鱼露，如 nuoc mam
- ⅓ 杯切碎的新鲜香菜
- 如果需要，可以品尝亚洲辣椒油

指示：

a) 在一个沉重的平底锅中，用适度低的热量在植物油中煮大蒜，搅拌直至散发出香味，加入咖喱粉，然后将混合物煮熟，搅拌 30 秒。加入肉汤、椰奶、水、柠檬草、姜根和胡椒粒，将混合物煮沸。加入鸡肉，用小火慢炖 20 分钟，或直至煮熟。用有槽的勺子将鸡肉转移到碗中，让它冷却，让水煮混合物保持温暖。

b) 当鸡肉冷却时，在一个大碗中将面条放入温水中浸泡 5 分钟，沥干水分，然后在一大锅加盐的开水中煮 5 分钟。用漏勺沥干面条，用冷水冲洗，沥干水分。

c) 去除鸡肉的皮和骨头，将肉切碎，然后将其与酸橙汁和鱼露一起搅拌到水煮混合物中。用中火煮肉汤，搅拌，直到它变热，将面条分成 6 到 8 碗，然后用勺子舀上肉汤。在肉汤上撒上香菜，淋上辣椒油。

45. 香菇鸡 肉汤

原料：

- 2汤匙椰子油
- 1½杯切碎的洋葱
- 3根芹菜茎，切成薄片
- 2根大胡萝卜，切成薄片
- 1 磅预切维生素 D 增强蘑菇
- 10 个中号大蒜瓣，切碎
- 8 杯无盐鸡汤
- 4 根百里香小枝
- 2 片月桂叶 1 罐（15 盎司）无盐鹰嘴豆，沥干
- 2 磅去皮带骨鸡胸肉
- 1½茶匙粗盐
- ½茶匙碎红辣椒

- 12 盎司卷曲羽衣甘蓝，茎被移除，叶子被撕裂

指示：

a) 在大型荷兰烤箱中，用中火加热油。

b) 加入洋葱、芹菜和胡萝卜；炖5分钟，不时搅拌。加入蘑菇和大蒜，小火煮 3 分钟，经常搅拌。

c) 加入肉汤、百里香、月桂叶和鹰嘴豆；小火慢炖。加入鸡肉、盐和红辣椒；盖上锅盖煮约 25 分钟，或直到鸡肉煮熟。

d) 将鸡肉从荷兰烤炉中取出，放在一边稍微冷却一下。用2把叉子，把肉切碎；丢弃骨头。

e) 拌入鸡肉和羽衣甘蓝；盖上锅盖煮 5 分钟，或直到羽衣甘蓝几乎变软。

f) 取出月桂叶和百里香小枝。

g) 服务。

46. 香草鸡汤

原料：

- 2.5磅鸡骨头
- 1个小洋葱；去皮切半
- 1茶匙干月桂叶
- 1 枝新鲜欧芹
- ½ 茶匙全黑胡椒粒
- ¼ 茶匙牛至
- ¼ 茶匙干罗勒
- 8杯水
- 1茶匙海盐

指示：

a) 将水倒入速溶锅中。

b) 将所有材料放入水中

c) 关闭即食锅盖，将压力释放手柄转到密封位置。

d) 选择手动功能；设置高压并将定时器调整为 60 分钟

e) 当它发出哔哔声时；自然 释放蒸汽 10 分钟，然后打开速溶锅盖。

f) 准备好的肉汤并丢弃所有固体，撇去所有表面脂肪并趁热食用。

47. 椰奶辣椒鸡

原料：

- 1 磅去骨去皮鸡肉，立方体
- 1汤匙红辣椒参巴
- 3汤匙酥油
- ½茶匙芥菜籽
- 8片新鲜咖喱叶
- 2 茶匙姜蒜酱
- 2 个小西红柿，切碎
- ½茶匙姜黄粉
- 食盐，品尝
- 水，根据需要
- 椰奶，装饰用

指示：

a) 在一个碗里，将鸡肉和参巴酱混合。静置 15 分钟。

b) 在一个中等大小的平底锅里吃酥油。加入芥菜籽；当它们开始飞溅时，加入咖喱叶、姜酱和西红柿。

c) 炒约 8 分钟，然后加入姜黄和盐，搅拌均匀。加入约 1 杯水，不盖盖子煮 10 分钟。

d) 加入鸡肉（连同所有的红辣椒参巴），中火煮至鸡肉煮熟，大约 5 分钟。

e) 用椰奶装饰，趁热食用。

48. 彩虹素鸡汤

原料：

- 2汤匙橄榄油
- 1磅鸡腿
- 1 个黄洋葱，切碎
- 2 瓣大蒜，切碎
- 1 个红甜椒，去籽并切片
- 1 个青椒，去籽并切片
- 1 个橙色甜椒，去籽并切片
- 1 根胡萝卜，切成薄片
- 1 根防风草，切成薄片
- ¼杯玫瑰酒
- 海盐和黑胡椒粉，根据您的喜好

- ½茶匙干莳萝
- ½茶匙干牛至
- 1 汤匙颗粒状鸡精
- 4杯水

指示：

a) 按"Sauté"按钮加热你的 Instant Pot；现在，将油加热至发出嘶嘶声。然后，炒洋葱和大蒜，直到变软变香。

b) 加入辣椒、胡萝卜和防风草；再煮 3 分钟或直到蔬菜变软。加入一点玫瑰酒来去除 Instant Pot 底部的釉质。

c) 然后，加入剩余的材料；搅拌均匀。

d) 固定盖子。选择"肉汤"模式和高压；煮20分钟。烹饪完成后，使用快速压力释放。小心取下盖子。

e) 从烹饪液中取出鸡翅；丢弃骨头并切碎肉。

f) 将鸡肉放回速溶锅中，搅拌，趁热食用。祝你胃口好！

49. 热鸡汤

原料：

- 2汤匙葡萄籽油
- 2 根香蕉葱，切碎
- 4 瓣大蒜，切碎
- 1 杯 Cremini 蘑菇，切片
- 2 个甜椒，去籽切片
- 1 个塞拉诺辣椒，去籽并切片
- 2 个成熟的西红柿，做成泥
- 1茶匙牛肝菌粉
- 2汤匙干白葡萄酒
- 海盐和黑胡椒粉，根据您的喜好
- 1茶匙干罗勒
- ½茶匙干莳萝草

- 5 杯肉汤，最好是自制的
- 4个鸡翅

指示：

a) 按下“Sauté”按钮并加热油。一旦热了，把红葱头炒至变软变香。

b) 加入大蒜、蘑菇和辣椒；再煮 3 分钟或直至变软。

c) 现在，加入西红柿、牛肝菌粉、白葡萄酒、盐和黑胡椒粉。添加剩余的成分并搅拌结合。

d) 固定盖子。选择“手动”模式和高压；煮18分钟。烹饪完成后，使用快速压力释放。

e) 确保释放任何剩余的蒸汽并小心地取下盖子。从速溶锅中取出鸡翅。丢弃骨头并切碎肉。

f) 把鸡肉放回速溶锅里。舀入单独的碗中，趁热食用。祝你胃口好！

50. 懒鸡卡尼塔

原料：

- 3磅整只鸡，切成块
- 3 瓣大蒜，压榨
- 1 guajillo 辣椒，切碎
- 1汤匙鳄梨油
- ⅓杯烤蔬菜汤
- 海盐，品尝
- ½茶匙磨碎的月桂叶
- ⅓茶匙辣椒粉
- ½茶匙辣椒粉
- ⅓茶匙黑胡椒
- 1 杯鲜奶油，上桌
- 2大汤匙新鲜香菜，切碎

指示：

a) 的所有上述配料放入Instant Pot 中。

b) 固定盖子。选择"家禽"设置并煮 15 分钟。烹饪完成后，使用快速压力释放；小心取下盖子。

c) 用两把叉子把鸡肉切碎，扔掉骨头。在每道菜中加入一团法式酸奶油，并用新鲜香菜装饰。享受！

51.土耳其肉汤

原料：

- 5磅火鸡骨头/框架，用冷水冲洗
- 1加仑冷水
- 12 盎司 mirepoix
- 小袋（1 片月桂叶、2 小枝新鲜百里香、5 颗完整的黑胡椒粒和 3 根欧芹茎，全部用粗棉布包裹并用屠夫麻绳捆扎）

指示：

a) 将火鸡骨头放入肉汤锅中，并用冷水覆盖。小火慢炖。当杂质开始上升到表面时，将它们撇去并丢弃。

b) 将小袋和 mirepoix 添加到肉汤锅中。用文火煮 3-6 小时，经常撇去。不要煮沸。

c) 准备一个中等到细网眼的筛子，放在不锈钢碗或容器上。

d) 将肉汤舀入瓷盖或中国牛至

e) 要快速冷却肉汤，请在水槽中加入一些冰水，然后将盛有过滤肉汤的容器放入冰浴中。储存在冰箱中，直到所有剩余的脂肪在表面凝固。

f) 肉汤上的脂肪。

g) 使用肉汤作为肉汁、肉汤或馅料的基础。

52. 泰国椰子番茄浓汤

原料：

- 1汤匙椰子油
- ½ 个中等大小的洋葱，切碎
- 2 瓣大蒜，切碎
- 2 茶匙生姜，磨碎
- 1 茶匙柠檬草，压碎
- 2 罐（14 盎司）西红柿丁
- 1 罐（14 盎司）番茄酱
- 2.5 杯鸡骨汤
- 1 罐（14 盎司）不加糖的全脂椰奶
- 1 茶匙 garam masala 调味料
- ½ 茶匙姜黄
- ¼ 茶匙肉豆蔻
- 海盐和现磨黑胡椒调味

指示：

a) 在大锅中用中高温加热椰子油。将洋葱、大蒜、生姜和柠檬草加入融化的油中。炒 1 到 2 分钟，或直到洋葱变软变透明。

b) 加入番茄丁、番茄酱和肉汤。一旦混合物沸腾，将热量调低。加入剩余成分，搅拌，盖上盖子，小火煮 15 分钟。

c) 将内容物转移到食品加工机中并搅拌直至形成光滑的浓汤。服务热。

53. 花椰菜维希浓汤

原料：

- 2汤匙酥油
- 1 瓣大蒜，切碎
- 2个韭菜，切成细圆
- 4 杯（1 夸脱）鸡骨汤
- ½ 杯罐装全脂椰奶
- 3 杯花椰菜小花
- ½ 茶匙百里香
- 1 茶匙凯尔特盐或喜马拉雅粉红盐
- ½ 茶匙黑胡椒
- ½ 茶匙葛粉与 1 汤匙水混合

指示：

a) 在大水壶中用中高温融化酥油。加入大蒜和韭菜，将热量降至中低。炒 6 到 8 分钟使其变软。

b) 加热至中高，加入肉汤、椰奶、花椰菜、百里香、盐和胡椒粉。当肉汤开始沸腾时，把火调到中低，用文火炖 15 到 20 分钟，直到花椰菜煮熟。

c) 用手持式浸入式搅拌机、搅拌机或食品加工机打成泥状，直至变得光滑和呈奶油状。返回水壶并添加竹芋。炖至肉汤变稠，如果需要更浓的肉汤，可加入更多葛粉。

54. 鸡姜骨汤_

原料：

- 2磅鸡骨头
- 1 个黄色或白色洋葱，切碎
- 2 盎司鲜姜，切片
- 2 汤匙苹果醋
- 1汤匙整颗胡椒粒
- 2 片月桂叶
- 8-10杯水

指示：

a) 将鸡骨头和所有剩余材料放入慢炖锅中，加水盖住。

b) 盖上锅盖，低火煮 12-18 小时。

c) 丢弃所有固体并通过细网过滤器将骨汤过滤到一个大碗中。如果需要，再次通过粗棉布过滤以去除任何残留的颗粒。

d) 舀入密封罐中并在冰箱中储存最多两周，或冷冻以备将来使用。

用肉汤烹饪

55. 肉汤藜麦沙拉

原料：

- 2 杯生藜麦
- 3 ½杯鸡骨汤
- 1 份 5 盎司包装的春季混合料
- 1 品脱圣女果，减半
- ¼ 杯特级初榨橄榄油
- 犹太洁食盐
- 现磨黑胡椒调味
- 1个柠檬汁

指示：

a) 用冷水冲洗藜麦。

b) 将清洗过的藜麦转移到一个大平底锅中，加入骨汤，煮沸。把火调小，用文火炖 15-25 分钟，直到藜麦变软，所有的液体都被吸收。

c) 藜麦煮熟后，从火上移开并完全冷却。

d) 在一个大碗或同一个平底锅中，加入春季混合料、圣女果、橄榄油、盐、胡椒粉和柠檬汁。混合直到所有成分混合。享受！

56. Chipotle 烤蔬菜蒸粗麦粉

原料：

- 12 盎司冷冻亚洲炒蔬菜混合物（西兰花、小玉米、蘑菇、胡萝卜、青豆）
- 2 汤匙特级初榨橄榄油，被分割的
- ½杯红洋葱，切丁
- 1杯冷冻玉米粒
- 1杯鸡骨汤
- 盐和胡椒粉调味
- 2 茶匙 Chipotle Adobo 酱
- ¾杯普通蒸粗麦粉
- ½ 茶匙柠檬皮屑

- 2汤匙柠檬汁

指示：

a) 将烤箱预热至 425°F。将蔬菜高火微波 5 分钟。然后切成小块。放在烤盘上；涂上1 汤匙油。烘烤 10-12 分钟，中途搅拌一次，或直至呈浅褐色。

b) 以中高火预热一个中型平底锅 1-2 分钟。将剩余的 1 汤匙油放入锅中，然后加入洋葱和玉米；煮熟并搅拌 2-3 分钟或直到洋葱变软。加入鸡骨汤，用½茶匙海盐和胡椒调味，加入墨西哥辣椒酱；煮滚。

c) 把锅从火上移开；拌入蒸粗麦粉，盖上盖子，静置 5 分钟。同时，将柠檬皮切碎/磨碎并榨汁（2 汤匙）。

d) 用叉子把蒸粗麦粉弄松；加入（轻轻搅拌）烤蔬菜、果皮和果汁。享受！

57. 南方羽衣甘蓝

原料：

- 4 片培根，切成 ¼ 英寸的块
- 1 个中等大小的甜洋葱，切丁
- 粗盐
- 3 瓣大蒜，切碎
- 6杯鸡骨汤
- 2 束新鲜羽衣甘蓝，去梗并粗略切碎
- 现磨黑胡椒

指示：

a) 将烤箱架调整到中下位置并将烤箱加热到 350°F。

b) 在大型荷兰烤箱中用中高火煮培根约 2 分钟，直到脂肪开始变硬。

c) 拌入洋葱和少许盐。煮至洋葱变软，大约 5-7 分钟。加入大蒜并搅拌 30 秒。

d) 加入骨头汤并用文火炖。加入蔬菜，一次加入一把，直到枯萎。

e) 盖上锅并将其放入烤箱。煮 45 分钟或直到蔬菜变软。从烤箱中取出。用更多的盐和黑胡椒调味。与辣酱一起食用。

58. 清汤西兰花

原料：

- 1磅西兰花小花（约2头）
- 2汤匙椰子油
- 2 茶匙蒜末
- ¼ 杯鸡骨汤
- ¾ 茶匙海盐或更多（如果需要）
- 1 汤匙椰子氨基酸（可选）

指示：

a) 如果使用西兰花头，则通过去除茎并切成小花来准备西兰花。搁置。

b) 在一个大炒锅（带盖）中，用中火加热椰子油约 5 分钟。（油在煤气炉上加热可能需要更少的时间。）

c) 加入大蒜，搅拌至香，大约 30 秒。

d) 将西兰花小花放入锅中，然后加入盐，炒约一分钟。

e) 将水或肉汤倒在西兰花上，盖上盖子蒸 5 分钟或直到西兰花变软。

f) 可选地，加入一汤匙椰子氨基酸以增加一点鲜味。享受！

59. 肉汤淹鸡蛋

原料：

- 8 个罗马番茄，烤
- 1 杯新鲜香菜，包装牢固
- 3瓣大蒜
- 1 个哈瓦那辣椒（可选）
- ½杯白洋葱，大致切片
- ½杯鸡骨汤
- 盐的味道
- 6个鸡蛋
- 现磨黑胡椒

指示：

a) 将烤箱预热至 350°F。烤罗马番茄 10 分钟。与此同时，准备其他材料。

b) 西红柿吃完后，将它们切成四分之一。在食品加工机或搅拌机中混合所有成分。加少许盐。脉冲切碎，直到没有大块剩下。你刚刚做了一个很棒的莎莎酱！

c) 将 2 杯莎莎酱舀出到一个大的不粘锅中。打碎 6 个鸡蛋并将其放入莎莎酱中。不要重叠鸡蛋。

d) 盖上锅盖煮沸（约 5 分钟）。将火调至中火，再炖 3-5 分钟，具体取决于您对鸡蛋的熟度。

e) 撒上现磨的黑胡椒粉，并用香菜叶装饰。服务！

60. 骨汤蒸鸡蛋

原料：

- 3个鸡蛋
- 1杯鸡骨汤
- 1汤匙椰子氨基或酱油
- 装饰用切碎的葱

指示：

a) 在中型蒸汽安全碗中打鸡蛋。加入鸡骨汤和椰子氨基酸。结合好。

b) 在比碗大的平底锅中加入一些水。把碗放在平底锅里，让水在碗外 1 英寸处上升。

c) 盖上盖子并将热量调高。蒸 8 分钟，不受干扰。检查鸡蛋是否凝固。如果它们仍然是水状的，则增加 2-5 分钟的烹饪时间。

d) 使用烤箱手套小心地从平底锅中取出蒸好的鸡蛋。撒上切碎的葱。享受！

61. 骨汤蛤蜊蒸蛋

原料：

- 1杯鸡骨汤
- 3个鸡蛋
- 1汤匙椰子氨基或酱油
- 2汤匙绍兴酒或雪利酒
- 8-10个蛤蜊
- 装饰用切碎的葱

指示：

a) 在一个中等大小的平底锅中，加入鸡骨汤和料酒。煮沸，然后加入蛤蜊。盖上锅盖煮约5分钟。此时，蛤蜊应该开始张开。

b) 取出蛤蜊并放在一边。让烹饪液完全冷却。

c) 在中型蒸汽安全碗中打鸡蛋。加入蛤蜊烹调液和椰子氨基。结合好。将蛤蜊放入鸡蛋混合物中。

d) 使用相同的平底锅，加入适量的水。将鸡蛋混合物碗放入其中，让水流出碗外 1 英寸。

e) 盖上盖子并将热量调高。蒸 8 分钟，不受干扰。检查鸡蛋是否凝固。如果它仍然是水，则增加 2-5 分钟的烹饪时间。

f) 使用烤箱手套小心地从平底锅中取出蒸好的鸡蛋。用切碎的葱装饰。享受！

62. 无麸质麻婆豆腐

原料：

- 1（16 盎司）块软豆腐
- 4 盎司碎牛肉或碎猪肉
- 1茶匙芝麻油
- 2 茶匙绍兴酒或干雪利酒
- 1茶匙玉米淀粉
- ½茶匙海盐
- 3汤匙植物油，被分割的
- 1汤匙姜末
- 2 茶匙蒜末
- 1½杯牛肉骨头汤
- 1 ½ 汤匙辣椒油和胡椒固体

- ½ 茶匙磨细的四川花椒（又名麻花椒）
- 1 汤匙玉米淀粉，溶解在 2 汤匙冷水中
- ½茶匙红糖
- 盐和胡椒粉调味（最好是磨细的四川麻椒）
- 装饰用切碎的葱

指示：

a) 将豆腐切成半英寸的方块。

b) 在一个中型平底锅中，将大量盐水煮沸，然后将豆腐轻轻放入沸水中。让它煮 2 分钟。流走。

c) 将碎牛肉或猪肉、芝麻油、葡萄酒、1 茶匙玉米淀粉（溶解在 2 汤匙冷水中）和 ½ 茶匙盐放入一个中等大小的碗中。拌匀。

d) 在大炒锅或炒锅中，用中火加热 1 汤匙油约 1 分钟。将调味肉放入油中煎成褐色，用抹刀将其切成小块，大约需要 4-5 分钟。把肉转移到你用来调味肉的同一个碗里，放在一边。

e) 在同一个锅中加入另外 2 汤匙油。保持中火。加入生姜和大蒜，煮至香，约 1 分钟。

f) 将肉汤倒入锅中。把火调高，把肉汤煮沸。

g) 在肉汤中加入豆腐块、牛肉、辣椒油和花椒。摇动锅以分配酱汁，用木铲轻轻地向后推豆腐。把火关小，用文火炖 6-8 分钟。

h) 同时，将 1 汤匙玉米淀粉溶解在 2 汤匙冷水中。

i) 将玉米淀粉混合物淋入豆腐混合物中。向后慢慢推，加入红糖，继续将豆腐放入酱汁中炖至浓稠，约 2 分钟。品尝并根据需要添加更多盐。

j) 装盘，撒上磨细的四川麻椒或黑胡椒粉，饰以葱花，盖在米饭上。

63. 德克萨斯-墨西哥辣椒酱

原料：

- 1 汤匙特级初榨橄榄油
- ½杯切碎的黄洋葱
- 2 瓣大蒜，切碎
- 1 墨西哥胡椒，切碎
- 1 茶匙孜然粉
- ½茶匙盐
- 2汤匙玉米淀粉
- 1杯鸡骨汤
- 8 个美国奶酪单块，切碎
- 1 杯西红柿丁
- 装饰用新鲜香菜（可选）

指示：

a) 在铸铁煎锅或中型平底锅中，用中火加热油，将洋葱、大蒜和墨西哥辣椒（如果使用新鲜的）与孜然、盐和玉米淀粉一起炒 2 至 3 分钟，直到洋葱变成半透明.

b) 加入肉汤，煮 3 到 4 分钟。不断搅拌，让酱汁变稠。

c) 加入奶酪和西红柿。用小火小心地炖 queso 3 到 5 分钟。通过添加更多肉汤或奶酪来搅拌并调整其厚度以适合您的口味。

d) 与玉米片一起趁热食用。

64. 大蒜火鸡辣酱玉米饼馅

原料：

墨西哥卷饼馅料：

- 1汤匙无盐黄油
- 1 个中等大小的洋葱，切碎
- 4 杯煮熟的火鸡，切丁
- 2汤匙通用面粉
- 1汤匙辣椒粉
- 1茶匙海盐
- 1茶匙大蒜粉
- ½ 茶匙孜然粉
- ¼ 茶匙鼠尾草
- 1 罐（14.5 盎司）炖西红柿

辣酱：

- 6 瓣大蒜，切碎
- ¼ 杯无盐黄油
- ½杯通用面粉
- 2 杯鸡骨汤（1 箱）
- 1 罐（15 盎司）番茄酱
- 2汤匙辣椒粉
- 2 茶匙孜然粉
- 1茶匙鼠尾草
- ½茶匙海盐
- 1 少许大蒜粉

组装：

- 10个大玉米饼
- 2 杯墨西哥混合奶酪
- 装饰用新鲜香菜

指示：

a) 先做辣酱馅。在大煎锅中用中高温融化黄油。加入洋葱，煮至香，约 1 分钟。加入火鸡，然后加入面粉和所有香料作为馅料。拌匀。

b) 加入西红柿和西红柿汁。用一把剪刀把西红柿切成小块。煮沸，然后将热量降至中低。炖15分钟。

c) 当馅料在炖的时候，做辣酱玉米饼馅。在一个小平底锅里，加入大蒜和黄油。用中火煮，直到黄油被注入并融化。加入面粉搅拌直至混合。逐渐加入肉汤，不断搅拌。

d) 将酱汁煮沸。拌入番茄酱和所有调味料。煮至起泡。远离热源。

e) 现在，将烤箱加热至 350°F。

f) 组装时，将 1 ½ 杯辣酱倒入 13×9 英寸的烤盘中，铺开覆盖盘底。

g) 将一个玉米饼放在平坦的表面上，将大约 ¼ 杯火鸡混合物放在玉米饼的中央，并在上面放上 1-2 汤匙奶酪。紧紧卷起，将接缝面朝下放在烤盘中的酱汁上。对剩下的玉米饼重复上述步骤。

h) 用剩下的酱汁把辣酱玉米饼馅放在上面。盖上箔纸并烘烤 30-35 分钟。

i) 撒上剩余的奶酪，再烘烤 10-15 分钟，不盖盖子，直到奶酪融化。用新鲜香菜装饰，搭配鳄梨食用。享受！

65. 土耳其锅饼

原料：

- 3汤匙黄油
- 1 杯土豆，切丁
- 1 杯洋葱，切丁
- 1 杯芹菜，切丁
- 1 杯胡萝卜，切丁
- 盐和胡椒粉调味
- 1 汤匙新鲜百里香叶，切碎
- ½杯通用面粉
- 1 杯火鸡骨汤或鸡骨汤
- 1杯牛奶
- 2 杯火鸡，煮熟并切碎
- 1个馅饼皮

指示：

a) 将烤箱预热至 400°F。

b) 在一个大的不粘锅中，用中高温融化黄油。在煎锅中加入土豆、洋葱、芹菜和胡萝卜。加入少许盐和胡椒调味。炒约 10 分钟或直到蔬菜变软。烹饪时加入百里香叶。

c) 将面粉撒入锅中。再煮一分钟，不断搅拌。逐渐加入肉汤和牛奶。将火调至中火，煮至混合物变稠并起泡，不断搅拌。

d) 加入火鸡并搅拌均匀。

e) 将混合物倒入一个 9 英寸的馅饼盘中，并在上面铺上馅饼皮。切掉馅饼盘边缘多余的外壳。在中间切开缝隙，让蒸汽逸出。

f) 烤馅饼 40-50 分钟，或直到糕点呈金黄色，馅料起泡并煮透。

66. 一锅火鸡辣椒通心粉

原料：

- 1汤匙椰子油
- 1磅地面火鸡
- ½茶匙粗盐
- ¼ 杯洋葱，切丁
- 2 根芹菜茎，切丁
- ½杯甜椒，切丁
- 4 杯鸡骨汤（2 箱）
- 1 罐（16 盎司）中厚厚实的莎莎酱
- 1 罐（15-16 盎司）低钠红芸豆，沥干
- 1（1.25 盎司）包辣椒调味料
- 8盎司弯头通心粉
- 2 盎司切达干酪，切丁

- 1 罐（8 盎司）无盐番茄酱
- 装饰用欧芹叶

指示：

a) 在大平底锅中将油加热至中高。将磨碎的火鸡放入锅中，加盐调味。煮 3-4 分钟，用抹刀将肉弄碎。

b) 加入洋葱、芹菜和甜椒，再煮 2 分钟，直到火鸡煮熟。加入肉汤、莎莎酱、豆类和混合调味料。煮滚。

c) 拌入意大利面；煮 8 分钟，偶尔搅拌。同时，将奶酪切成小方块。加入番茄酱，再煮 1 分钟。将辣椒与奶酪和欧芹一起食用。

67. 慢炖锅咖喱鸡

原料：

- 4 磅带骨鸡大腿，去皮并去除脂肪
- 盐和胡椒
- ¼ 杯玉米淀粉

咖喱酱：

- 3汤匙椰子油
- 3汤匙温和或甜咖喱粉
- 1 茶匙咖喱粉
- 1汤匙姜黄
- 2 个中等大小的白洋葱，切碎
- 1 个墨西哥辣椒，去籽并切碎
- 4 瓣大蒜，切碎
- 1 汤匙鲜姜，切碎

- 2汤匙番茄酱
- 盐的味道
- 2½杯鸡骨汤
- 3汤匙酱油

指示：

a) 用盐和胡椒给鸡肉调味，然后涂上玉米淀粉，放在一边。

b) 在一个大平底锅中用中火加热椰子油，直到闪闪发光。加入咖喱粉、咖喱粉和姜黄，煮约 10 秒直至散发出香味。

c) 加入洋葱、墨西哥胡椒、大蒜、生姜、番茄酱和少许盐，经常搅拌，直到洋葱变成浅褐色并变软，大约需要 10 分钟。

d) 将鸡汤加入煎锅中，刮掉任何褐色的碎屑。

e) 加入酱油或椰子氨基。搅拌均匀。煮至稍微变稠。远离热源。

f) 将土豆和胡萝卜放入 6 夸脱的慢炖锅中，然后放入鸡肉。

g) 把咖喱酱倒在鸡肉上。盖上锅盖，小火煮 4-5 小时或直到鸡肉变软。

h) 让烹饪液静置 5 分钟，然后用大勺子去除表面的脂肪。拌入豌豆、西红柿、椰奶和香菜。让它静置直到豌豆和西红柿被加热，大约 5 分钟或更长时间。

i) 品尝，如果需要，在上菜前用盐和胡椒调味。

68. 烤柠檬全鸡配胡萝卜

原料：

- 1整只5磅重的鸡
- 2 枝新鲜迷迭香
- 4 枝新鲜百里香
- 2 个柠檬，1 个切半和 1 个切片
- 2汤匙橄榄油
- 1 个小洋葱，切成薄片
- ½杯白葡萄酒
- 1杯鸡骨汤
- 6根胡萝卜，切碎
- 盐的味道

对于鸡肉擦：

- 2 茶匙家禽调味料

- ½茶匙调味盐
- ½ 茶匙芥末粉
- ½茶匙黑胡椒粉
- 1茶匙大蒜粉

指示：

a) 将烤箱预热至 350°F。

b) 冲洗鸡肉并去除内脏。用纸巾拍干。

c) 将鸡肉揉搓成分混合在一个小碗中，然后揉搓到鸡肉的外部和内部。用迷迭香、百里香和两半柠檬填满鸡肉。把鸡肉放在一边。

d) 在一个 10 英寸的铸铁煎锅中，用中高温加热橄榄油，大约 2 分钟。将洋葱炒 2-3 分钟，直到散发出香味。加入葡萄酒并煮至蒸发，大约 3-4 分钟。加入鸡骨汤、胡萝卜和柠檬片。搅拌均匀，将调味鸡肉放在上面。

e) 烘烤 1.5 到 2 小时，直到鸡肉完全煮熟并且骨头附近的温度达到 165°F。在烤制过程中将鸡肉涂上肉汤和果汁几次。

f) 鸡肉吃完后，将鸡肉和蔬菜转移到盘子里。用大勺子从煎锅中剩余的肉汤和果汁的表面尽可能多地撇去脂肪，然后将其煮沸。煮至酱汁变稠，大约 10 分钟。用盐调味。

g) 鸡肉切片；与蔬菜和酱汁一起食用。

69. One-Pan Caribbean Jerk 鸡肉和蔬菜

原料：

- 2磅鸡腿，带皮
- 1 个中等大小的红洋葱，粗碎
- 1磅红土豆，四分之一
- 1 杯胡萝卜硬币或小胡萝卜
- 3根芹菜茎，切碎
- 1杯鸡骨汤
- 1 汤匙新鲜百里香叶，切碎（或 1 茶匙干百里香）

腌料：

- 1 个（0.7 盎司）信封意大利沙拉酱混合物
- 1茶匙肉桂
- 1 汤匙新鲜百里香叶，切碎
- 2汤匙红糖

- 2汤匙橄榄油
- ½茶匙辣椒粉
- 2汤匙酱油

指示：

a) 将烤箱预热至 400°F。

b) 将所有腌料放入一个大搅拌碗中。搅拌直到混合均匀。

c) 将鸡腿洗净并用纸巾拍干，然后放入腌料中；用钳子转动鸡腿，确保它们涂得很好。搁置。

d) 切碎蔬菜并将蔬菜摊在 9x13 英寸平底锅的底部。倒入鸡汤，然后撒上百里香。

e) 现在，将鸡肉放在蔬菜上。把剩下的腌料刮到锅里。

f) 烘烤 60 分钟。中途转一次。

g) 将鸡肉与蔬菜和锅中的酱汁一起上桌。享受！

70. 奶油鸡肉配白葡萄酒和龙蒿

原料：

- 2 汤匙特级初榨橄榄油
- 1 磅纽扣蘑菇，如果小则减半，如果大则四分之一
- 2 个中等大小的洋葱，切碎
- 4 茶匙蒜末
- 2 茶匙切碎的新鲜百里香叶或 ½ 茶匙干百里香
- 盐和胡椒粉调味
- 1 ¾ 杯干白葡萄酒
- 1 ½杯鸡骨汤
- 1 磅胡萝卜，去皮并切成 1 英寸的碎片
- 2 片月桂叶
- 2汤匙玉米淀粉
- 4 磅带骨鸡块（分胸或大腿），去皮

- 1 杯浓奶油
- ¼ 杯切碎的新鲜龙蒿叶

指示：

a) 在一个大的不粘锅中用中高温加热油。加入蘑菇、洋葱、大蒜、百里香和少许盐。盖上盖子煮，经常搅拌，直到蘑菇释放出液体，大约 8-10 分钟。

b) 揭开煎锅，继续煮几分钟。加入葡萄酒，刮掉所有褐色的碎屑，然后用文火炖至变稠，大约 5 分钟。

c) 将混合物转移到慢炖锅中，加入鸡骨汤、胡萝卜和月桂叶搅拌均匀。

d) 用盐和胡椒调味鸡肉，然后将其放入慢炖锅中。盖上盖子，低火煮 4-5 小时，或者直到鸡肉变软并彻底煮熟。

e) 将鸡肉和胡萝卜转移到一个盘子里，用箔纸松散地盖住。用勺子去除烹饪液体中的脂肪。去除月桂叶。

f) 将烹饪酱汁转移到平底锅中并用文火炖。加入溶解在 ¼ 杯水中的 2 汤匙玉米淀粉。继续搅拌，酱汁会变稠；然后加入奶油和龙蒿。

71. 甜豌豆蘑菇烩饭

原料：

- 3汤匙特级初榨橄榄油
- 2 茶匙蒜末
- 1 个小洋葱，切丁
- 盐的味道
- 1 杯乔木饭
- ½杯干白葡萄酒
- 1 磅小贝拉蘑菇，切片
- 3杯蘑菇鸡骨汤
- 1 杯冷冻甜豌豆
- ¼ 杯新鲜磨碎的帕玛森芝士
- 新鲜碎黑胡椒
- 装饰用切碎的欧芹叶

指示：

a) 在大平底锅中用中高温加热橄榄油。

b) 油热后，大约 2 分钟，将大蒜和洋葱放入锅中。加少许盐。使用木制或硅胶抹刀炒香，让洋葱出汗约 1-2 分钟。

c) 加入乔木米。将米饭在锅中烤 1 或 2 分钟，不断搅拌，直到米饭呈浅褐色。

d) 拌入酒。煮至酒精蒸发，经常搅拌。

e) 将蘑菇放入锅中，搅拌并再煮 1-2 分钟。

f) 将1杯鸡骨汤加入锅中煮沸，不断搅拌。一次加入 1 杯肉汤；炖至所有肉汤都被吸收。

g) 关火，拌入帕玛森芝士。装盘，撒上现磨黑胡椒粉，并饰以欧芹叶。

72. 一锅泡菜拉面

原料：

- 8 盎司五花肉（去皮），切片
- 猪肉腌料：
- 3 瓣大蒜，切碎
- 1 汤匙鲜姜，切碎
- 1汤匙雪利酒
- 1汤匙酱油

泡菜拉面：

- 4 个半熟的鸡蛋，减半
- ½ 中洋葱，切成薄片
- 1 杯香菇，切片
- 半块硬豆腐，切片

- 4盎司金针菇
- 4 小白菜，减半
- 1 杯泡菜，包装牢固
- ½杯泡菜汁
- 4 杯鸡骨汤（2 箱）
- 2汤匙辣红辣椒酱
- 1汤匙韩国红辣椒粉
- 2包拉面
- 装饰用切碎的葱

指示：

a) 将猪肉腌料的所有成分混合在一个中等大小的碗中。

b) 将五花肉片切成 2 英寸长的块。将猪肉加入腌料中。搅拌均匀备用。

c) 在一个小平底锅中，将 2 杯水烧开。小心地将鸡蛋放入沸水中。让他们煮 5 分钟。从平底锅中舀出鸡蛋，放入冷水中。

d) 同时，将洋葱、香菇和豆腐切片；金针菇洗净，切掉末端；洗净小白菜，切成两半。把所有准备好的材料放在一边。

e) 在中等大小的平底锅中，用中高火煮腌制五花肉约 2 分钟，经常搅拌。

f) 加入洋葱和泡菜。炒香，大约2分钟。

g) 加入泡菜汁、肉汤、红辣椒酱、红辣椒粉煮沸。

h) 肉汤汤底煮沸后，加入拉面和香菇。让它煮 3 分钟。

i) 加入豆腐、金针菇和白菜，煮 2 分钟或直到拉面变软。关掉暖气。

j) 将鸡蛋去皮并切成两半。

k) 盛上泡菜拉面，搭配切半的鸡蛋。用切碎的葱装饰。

73. 红薯鹰嘴豆咖喱扁豆

原料：

- ¼ 杯椰子油
- 1 个大红洋葱， 切丁
- 盐的味道
- 2汤匙咖喱粉
- 2 茶匙孜然粉
- 2 茶匙芥菜籽
- 1 茶匙香菜粉
- 8 盎司棕色扁豆
- 3个中号红薯
- 4 杯鸡骨汤（2 箱）
- 1 罐（28 盎司）火烤番茄丁

- 1 罐（28 盎司）鹰嘴豆，沥干
- 装饰用新鲜切碎的欧芹

指示：

a) 在大平底锅中用中火加热椰子油约 1 分钟。

b) 加入洋葱和少许盐。炒至洋葱呈半透明状。

c) 加入咖喱粉、小茴香、芥末籽和香菜，煮 1 分钟，经常搅拌。

d) 加入扁豆、红薯、肉汤和西红柿。煮沸，盖上锅盖慢炖 25 分钟，或者直到扁豆和红薯变软。

e) 加入鹰嘴豆，煮至热透，约 2 分钟。

f) 装盘并用切碎的欧芹装饰。享受！

74. 鸡肉蘑菇烩饭

原料：

- 3汤匙橄榄油
- 2 瓣大蒜，切碎
- 1 个小洋葱，切丁
- ½杯胡萝卜，切丁
- 海盐调味
- 1杯乔木饭
- ½杯白葡萄酒（可选）
- ½茶匙干百里香
- 3杯蘑菇鸡骨汤
- 6 盎司蘑菇，切片

- 8 盎司冷冻球芽甘蓝
- 1 杯切碎的鸡肉，煮熟
- ¼ 杯切碎的新鲜欧芹
- ½杯新鲜磨碎的帕玛森芝士
- 现磨黑胡椒

指示：

a) 在中号平底锅中用中火加热橄榄油。加入大蒜，煮至香。

b) 将洋葱和胡萝卜放入平底锅中，加入少许盐，然后将热量调高。煮至洋葱呈半透明状，经常搅拌，大约 1 分钟。

c) 加入米饭，然后加入百里香。把米饭放在平底锅里烤，涂上油，直到它开始变成浅棕色，经常搅拌，大约 2-3 分钟。

d) 加入葡萄酒并继续搅拌直至酒精蒸发，大约需要 1 分钟。将鸡汤倒入锅中煮沸。

e) 一旦沸腾，加入蘑菇和球芽甘蓝，再次煮沸，不时搅拌。

f) 加入切碎的鸡肉，将热量调低。盖上锅盖炖15分钟，直到鸡汤被米饭吸收。揭开盖子，拌入欧芹和帕玛森芝士。继续搅拌直到奶酪融化。

g) 关掉暖气。用现磨的黑胡椒调味。将意大利调味饭盛入碗中。用更多的欧芹装饰并立即食用。

75. 一锅意大利面 e Fagioli

原料：

- 1 汤匙特级初榨橄榄油
- 1磅瘦牛肉
- 盐的味道
- 1 茶匙干牛至
- 1 个中等大小的洋葱，切丁
- 1 杯胡萝卜，切丁
- 2根芹菜茎，切片
- 1 个大番茄，切丁
- 1 罐（15 盎司）红芸豆罐头，冲洗并沥干
- 2杯牛骨汤
- 2杯意大利面酱
- 8 盎司意大利面壳

- 1-2茶匙辣酱，可选择的
- ¼ 杯切碎的新鲜欧芹
- 现磨黑胡椒
- ½杯切碎或新鲜磨碎的帕玛森芝士

指示：

a) 在一个大锅中，用中火加热橄榄油。加入碎牛肉并用抹刀将其打碎。煮到牛肉开始变黄。同时，用盐和牛至调味。

b) 将洋葱、胡萝卜、芹菜和西红柿放入锅中。充分混合并煮约 10 分钟，偶尔搅拌。

c) 加入豆子、牛肉汤、意大利面酱，然后加入意大利面壳；如果使用的话，在锅里淋上辣酱；搅拌均匀。煮沸，然后用中低火炖 15-20 分钟，或直到意大利面变软。

d) 加入现磨黑胡椒粉调味，拌入欧芹，然后在上面撒上帕玛森芝士。装盘，饰以更多欧芹或奶酪。享受！

76. 奶油蘑菇意大利面

原料：

- 1份意大利面
- 1汤匙无盐黄油
- 2 瓣大蒜，切碎
- 8 盎司白蘑菇，去茎
- 2汤匙干白葡萄酒
- ¼ 杯浓奶油
- ¼ 杯鸡骨汤
- 盐的味道
- ¼ 杯磨碎的帕玛森芝士
- 现磨黑胡椒
- 切碎的新鲜欧芹作为装饰

指示：

a) 在一个大锅里，根据包装**说明，在加盐的沸水中煮意大利面 8-9 分钟：**或直到有嚼劲。流走。

b) 与此同时，在一个大煎锅中，用中高温融化黄油。加入蒜末，煮约 30 秒直至散发出香味。

c) 将蘑菇放入煎锅中，切边朝上。煮 3-5 分钟或直到蘑菇开始收缩，偶尔用抹刀将它们四处移动。

d) 加入白葡萄酒；继续煮，让酒和蘑菇汁蒸发，大约 3 分钟。

e) 将浓奶油和鸡骨汤倒入煎锅中，加入大量盐。切换到中火煮，直到烹饪液稍微变稠，翻转蘑菇几次。

f) 将帕玛森芝士涂在蘑菇上，轻轻搅拌直至芝士融化。品尝并根据需要添加更多盐。

g) 将煮好的意大利面倒入煎锅中。与蘑菇混合物充分混合，然后转移到盘子里。

h) 撒上现磨的黑胡椒粉，并饰以切碎的欧芹。如果需要，添加更多磨碎的帕玛森芝士。享受！

77. 白辣椒

原料：

- 1汤匙椰子油
- 1 个中等大小的洋葱，切碎
- 3 瓣大蒜，压碎
- 1 罐（4 盎司）切碎的青辣椒
- 8 盎司蘑菇，切片
- 2 茶匙孜然粉
- 1茶匙干牛至
- 4 杯鸡骨汤（2 箱）
- 4 杯煮熟的火鸡，切丁
- 2 罐（15 盎司）白豆（大北方豆、cannellini 或鹰嘴豆）
- 1 杯切碎的蒙特雷杰克奶酪
- 装饰用新鲜欧芹叶

指示：

a) 用中火加热大平底锅中的油。

b) 加入洋葱和大蒜。慢慢煮至香。

c) 加入青辣椒、蘑菇、孜然和牛至。继续烹饪并搅拌混合物直至变软，大约需要 3 分钟。

d) 加入骨汤、火鸡和白豆。炖 15 分钟，偶尔搅拌。

e) 装辣椒。加入奶酪并用欧芹叶装饰。享受！

肉汤罐头

78. 土耳其肉汤

原料：

- 16 杯鸡汤
- 3.5 杯火鸡丁，切丁
- 1½ 杯芹菜，切丁
- 1½ 杯胡萝卜，切片
- 1 杯洋葱，切丁
- 盐和胡椒
- 鸡汤，如果需要

指示：

a) 准备压力罐。将水加入压力罐中。插入三脚架并在炉子上用中火将其煮沸。将空罐放入沸水中煮 5-10 分钟。

b) 不要煮沸。完成后，将其放在一边。

c) 将所有成分混合到肉汤锅中煮沸。

d) 将肉汤过滤到热的和消毒的罐子里，留下 1 英寸的顶部空间。

e) 去除任何气泡。

f) 擦拭边缘并将它们放在盖子上。

g) 应用乐队。

h) 将罐子放入压力罐中并处理 75 分钟。

i) 完成后，打开盖子。取出罐子。

79. Zuppa Toscana肉汤

原料：

- 3磅碎猪肉
- 盐、胡椒和牛至，1 茶匙
- ¼ 茶匙红辣椒片
- 2个洋葱
- 4瓣大蒜
- 4个土豆
- 1 束羽衣甘蓝
- 3 夸脱猪肉汤

指示：

a) 准备压力罐。将水加入压力罐中。插入三脚架并在炉子上用中火将其煮沸。将空罐放入沸水中煮 5-10 分钟。但是，不要煮沸。完成后，将其放在一边。

b) 洋葱切丁。将大蒜切碎。将土豆去皮切块。

c) 将羽衣甘蓝冲洗干净，放入沸水中焯 30 秒，直至枯萎。把它放在一边。将猪肉磨碎。

d) 将肉末、红辣椒片、牛至、胡椒粉和盐放入煎锅中。在另一个锅中加入 3 夸脱肉汤。慢炖。

e) 将抹布放入经过消毒的热罐中。加入洋葱和大蒜混合物。然后，在每个罐子里加入一小部分羽衣甘蓝，然后加入土豆。

f) 将调味猪肉放入罐子中，在顶部加入肉汤，留出 1 英寸的顶部空间。

g) 去除任何气泡。将罐子放入压力罐中。锁上盖子。

h) 排气 10 分钟。处理 90 分钟。

i) 关掉暖气。等待 2 分钟。打开通风口。取下盖子。

j) 从压力罐中取出罐子。放凉过夜。

80. 芦笋鸡汤_

原料：

- 3磅新鲜芦笋，修剪
- 8 杯鸡汤/肉汤
- 1 杯切碎的青葱，切碎
- 1 茶匙大蒜，切碎
- ½ 茶匙盐
- ¼ 茶匙白胡椒粉

指示：

a) 准备压力罐。

b) 将水加入压力罐中。

c) 插入三脚架，用中火将其煮沸。

d) 将空罐放入沸水中煮 5-10 分钟。但是，不要煮沸。

e) 在煎锅中加入橄榄油。加入大蒜和红葱，煮至半透明。

f) 用中火加入牛肉汤或肉汤。从火上移开。

g) 在每个罐子中加入 ¼ 杯红葱头或大蒜、胡椒粉和盐。

h) 加入热肉汤， 留出 1 英寸的顶部空间。

i) 去除任何气泡。

j) 放在盖子上。擦拭每个罐子的边缘。将罐子放入压力罐中。锁上盖子。把它烧开。排气 10 分钟。

k) 处理品脱 75 分钟。

l) 完成后， 关掉暖气。取下罐头盖。等待 10 分钟。从罐头罐中取出罐子。放凉过夜。

81. 墨西哥牛肉红薯汤

原料：

- 1 汤匙精制鳄梨油或橄榄油
- 1磅瘦肉炖牛肉
- 1茶匙粗盐
- 1 杯切碎的洋葱
- 1茶匙蒜末
- 1 杯切碎的甜椒
- 2 杯红薯，去皮切碎
- 1茶匙辣椒粉
- 1茶匙干牛至
- 1 茶匙孜然粉
- 14 盎司红莎莎酱
- 鸡汤，2 杯
- 2 茶匙酸橙汁

- ⅓杯切碎的香菜
- 犹太洁食盐
- 黑胡椒粉调味

指示：

a) 用高温加热一个大的铸铁锅。

b) 加入炖牛肉并撒上盐。将牛肉搅拌至焦黄， 5 分钟。用有槽的勺子取出肉，然后将其转移到盘子里。搁置。

c) 将洋葱、大蒜和甜椒放入锅中， 中火加热， 不时搅拌， 直到洋葱和大蒜散发出香味， 辣椒变软或大约 5 分钟。

d) 加入红薯、辣椒粉、牛至、孜然、肉汤和莎莎酱。彻底混合。煮滚。然后， 盖上锅盖炖 30 分钟或直到红薯变软。

e) 拌入酸橙汁、香菜、盐和胡椒粉。用小火加热， 大约 4 分钟。

f) 将肉汤倒入准备好的罐子里， 无论是品脱还是夸脱， 顶部留有 1 英寸的空间。

g) 用 2 部分罐头盖密封， 用手拧紧。

h) 在预热的压力罐中处理罐子 40 分钟。

i) 处理时间：完成后， 关掉暖气， 让罐头自然恢复到室温。

j) 冷却后， 从罐头中取出罐子并检查密封件。

82. 火腿豌豆汤汤

原料：

- 2 杯干豌豆
- 8杯水
- 2 大鸡汤块
- 1 杯火腿丁
- 1.5 杯胡萝卜片
- 1 杯切碎的洋葱
- ¼ 茶匙多香果粉
- 1 片月桂叶
- 盐和胡椒粉调味

指示：

a) 将豌豆、水和鸡汤块放入大平底锅或肉汤汤锅中。

b) 将配料用中高火煮沸，不时搅拌。

c) 炖一个小时左右。

d) 使用浸入式搅拌器将豌豆和液体制成泥。

e) 将火腿、胡萝卜、洋葱、多香果和月桂叶加入肉汤中。将肉汤煮沸。

f) 炖30分钟。用盐和胡椒调味肉汤，调味。取出月桂叶。

g) 将准备好的热罐放在洗碗巾上。将肉汤混合物舀入罐子中，确保在每个罐子上留出 1 英寸的顶部空间。根据需要移除或添加液体，以确保正确的顶部空间。

h) 去除罐子中的气泡，然后用湿纸巾将罐子边缘擦拭干净，以确保密封良好。

i) 将热的平盖放在罐子上，然后将带子拧到位，直到用指尖拧紧。

j) 小心地将罐子放入准备好的压力罐中的水中，然后处理罐子 75 分钟和夸脱 90 分钟。

k) 完成后，关掉暖气。让罐内压力自然降为零。一旦它变为零，再等几分钟，然后打开通风口盖。

l) 再等 10 分钟，然后小心取下罐头盖。将热罐放在柜台上的洗碗巾上，让它们静置 24 小时。

m) 检查密封是否正确，然后贴上标签。

83. 炖鹿肉

原料：

- 1个大波布拉诺胡椒
- 1 到 2 个墨西哥辣椒
- 6 个新鲜的番茄，去壳
- 375 毫升（1½ 杯）切碎的白洋葱（1 个大洋葱）
- 1 茶匙。(5 mL) 孜然粉
- 2汤匙。(30 毫升) 橄榄油
- 4穗鲜玉米
- 3 瓣大蒜，切碎
- 4 杯（1 升）鸡汤或鸡骨汤
- ⅔ 杯（150 毫升）新鲜酸橙汁（约 7 个酸橙）
- 1½ 茶匙。（7 毫升）盐
- 1 茶匙。(5 mL) 黑胡椒粉

- 1.5 磅（680 克）去皮去骨的鸡腿或鸡胸，切成 2.5 厘米（1 英寸）的块

指示：

a) 预热烤箱至 425ºF (220ºC)。安排前 3 种**成分：**在衬有铝箔的大边缘烤盘上。在 425ºF (220ºC) 下烘烤25 分钟或直到蔬菜变软并且外皮开始起泡，每 5 分钟翻转一次辣椒。从烤箱中取出蔬菜；把辣椒转移到一个小碗里。用保鲜膜盖住碗，静置 20 分钟。让粘果酸浆站在烤盘上，直到冷却到可以处理为止。将番茄粗切碎，放入一个中等大小的碗中。

b) 辣椒静置 20 分钟后，去皮、去籽并切碎；添加到粘果酸浆中。

c) 在 6 夸脱（6 升）不锈钢或搪瓷荷兰烤箱中用热橄榄油炒洋葱和孜然，中高温加热 12 分钟或直到洋葱变软。

d) 将玉米粒切尖放入一个大碗中；从玉米棒子上刮下牛奶和剩余的果肉。在荷兰烤箱中将玉米和大蒜加入洋葱中；煮，不断搅拌，5 分钟。加入切碎的辣椒、切碎的粘果酸浆、鸡汤和接下来的 3 种成分。

e) 煮滚;减少热量，用文火煮 5 分钟，经常搅拌。拌入鸡肉。在高温下煮沸；煮沸5分钟。远离热源。

f) 将热肉汤倒入热罐中，留出 1 英寸（2.5 厘米）的顶部空间。去除气泡。擦拭罐子边缘。罐子上的中心盖。应用带子，并调整到指尖紧。将罐子放在装有 2 英寸（5 厘米）180ºF（82ºC）沸水的压力罐中的架子上。重复直到所有罐子都装满。

g) 将盖子放在罐头上，然后转到锁定位置。将热量调至中高。排气 10 分钟。

h) 将配重或加重计放在通风口上；称重式罐头加压至 10 磅（4.5 千克）(psi)，千分表加压至 11 磅（454 克）·s (psi)。

i) 处理 1 品脱（500 毫升）罐子 1 小时 15 分钟或 1 夸脱（1 升）罐子 1 小时 30 分钟。关火；将罐头冷却至零压力。取下盖子前再静置 5 分钟。

j) 在罐头中冷却罐子 10 分钟。取出罐子并冷却。

84. 青柠玉米鸡汤

原料：

- 烹饪喷雾或橄榄油
- 1 磅瘦鹿肉，立方体
- 1茶匙橄榄油
- 1 个小洋葱，切碎
- 1 瓣大蒜，切碎
- 1 根芹菜杆，切碎
- 1 根胡萝卜，切丁
- 2个土豆，立方体
- 2杯水
- ½ 茶匙盐
- ⅛茶匙胡椒粉
- 2罐牛肉汤

指示：

a) 在肉汤汤锅上涂上烹饪喷雾剂或橄榄油，然后放在高温下。

b) 将鹿肉加入锅中。炒至焦黄。从锅中取出并放在纸巾上。

c) 加入油和所有蔬菜，炒至变软。

d) 拌入鹿肉、盐、胡椒粉和水。

e) 煮沸，文火煮 5 分钟。

f) 用固体成分填充干净、热的罐子至 ½ 满。

g) 将液体舀到罐子里，留出 1 英寸的顶部空间。

h) 调整盖子和过程。

骨汤酱

85. 阿根廷香辣酱

原料：

- 1 杯轻装新鲜欧芹
- ¼ 杯有机红酒醋
- 2 大瓣大蒜
- ¼ 杯特级初榨橄榄油
- 1茶匙干百里香
- ½茶匙盐
- ¼ 茶匙红辣椒片
- ⅛ 茶匙现磨黑胡椒粉
- ¼ 杯牛骨汤
- ¼ 成熟的鳄梨

指示：

a) 将所有成分放入食品加工机中，搅拌约 30 秒或直到所有成分充分混合。如果您不喜欢它太薄，请添加更多鳄梨。如果太稠，再加些牛骨汤。

b) 将 chimichurri 酱倒入 8 盎司的玻璃瓶中。盖上盖子并在冰箱中存放长达 2 周。

86. 瓜希略萨尔萨舞

原料：

- 4 个罗马番茄，烤
- ⅓ 杯白洋葱，切片
- 1 小瓣大蒜
- ½杯鸡骨汤
- 6 个 Guajillo 辣椒，烘烤并去籽
- ½茶匙盐

指示：

a) 将烤箱预热至 350°F。将罗马番茄和 Guajillo 辣椒一起烤 10 分钟。在烘烤时间中途翻转辣椒。

b) 将所有准备好的原料放入食品加工机或搅拌机中。混合均匀。

c) 如果您愿意，可以使用漏勺过滤掉任何固体碎片，以确保莎莎酱顺滑。（我通常跳过这一步。）

87. 莎莎佛得角

原料：

- 8 盎司番茄（通常称为绿色番茄）
- 2 个牛油果
- 5 塞拉诺辣椒
- ½茶匙盐
- ⅓ 杯白洋葱，切片
- ½杯香菜，散装
- 1杯鸡骨汤

指示：

a) 将所有准备好的原料放入食品加工机或搅拌机中。

b) 搅拌均匀并保存。

88. 莎莎酱

原料：

- 4个罗马番茄
- 1 瓣大蒜
- 5个干辣椒
- ⅓ 杯白洋葱，切片
- ½杯花生，烤
- ½杯鸡骨汤
- 2汤匙白芝麻，烤
- ½茶匙盐
- 2汤匙橄榄油

指示：

a) 将烤箱预热至 350°F。将罗马番茄、花生和白芝麻一起烤 8-10 分钟。

b) 将所有准备好的原料（橄榄油除外）放入食品加工机或搅拌机中。混合均匀。

c) 在橄榄油中用小火将莎莎酱煮 10 分钟。放凉并保存。

89. 酸辣汤

原料：

- ½杯香菇，切片
- ½杯金针菇
- ½杯胡萝卜，切成火柴棍
- ½杯西兰花茎，切成火柴棍（茎，不是小花）
- 6杯鸡骨汤
- ½茶匙红糖
- 3汤匙香醋
- ¼（16 盎司）块特硬豆腐，切成条状
- 2 汤匙玉米淀粉，溶解在 ¼ 杯冷水中
- 1个鸡蛋，殴打
- ¾ 茶匙黑胡椒粉

- 装饰用新鲜香菜叶

指示：

a) 将香菇、金针菇、胡萝卜、西兰花茎和鸡骨汤放入大平底锅中。加入少许盐，煮沸。

b) 把火调到中火，加入糖、醋和豆腐。轻轻搅拌。

c) 将溶解的玉米淀粉慢慢搅拌到肉汤中。继续搅拌。肉汤将开始变稠。加入打好的鸡蛋，立即开始搅拌。关掉暖气。鸡蛋应该会碎成非常小的碎片，漂浮在肉汤的表面。

d) 先用 ¼ 茶匙黑胡椒粉调味肉汤。品尝并根据需要添加更多。（我发现 ¾ 茶匙黑胡椒最适合我的口味，但您可以根据自己的喜好调整用量。）装盘并用香菜装饰。服务温暖。

90. 牛肉汤面（川味）

原料：

- 1磅炖牛肉
- ¼ 杯辣豆瓣酱
- 4 盎司西洋菜
- 2汤匙红糖
- 12-15个香菇
- 5汤匙橄榄油， 被分割的
- 4个鸡蛋， 煮软
- 3 颗八角
- 8 盎司中国面条， 或拉面， 或乌冬面
- 2茶匙五香料粉
- 1 英寸大块生姜， 切片
- 2汤匙酱油

- 4 瓣大蒜，捣碎并粗略切片
- 1 根葱，切碎用于装饰
- 5 杯牛骨汤
- 芝麻油
- 1汤匙红酒
- 盐和胡椒

指示：

a) 将炖牛肉放入一个中等大小的碗中；加入红酒和少许盐和胡椒粉；搅拌均匀。

b) 在一个大平底锅中，用中高温加热 2 汤匙橄榄油；加入调味牛肉，搅拌直到牛肉外面开始变成棕色（大约 5 分钟）。

c) 在平底锅中加入 5 杯牛骨汤。把火调高，煮沸，然后用文火炖。

d) 在炖肉的同时，在小煎锅中用中高温加热 3 汤匙橄榄油（约 2 分钟）。

e) 加糖炒至开始变成棕色；再加入八角、五香粉、姜、蒜；搅拌约10秒；快速加入辣椒豆瓣酱。搅拌均匀，低火煮约 1 分钟。

f) 将辣椒酱混合物转移到大平底锅中；加入酱油，然后炖25分钟。

g) 与此同时，煮鸡蛋。（将 4 杯水放入小平底锅中煮沸，轻轻加入鸡蛋，煮半熟鸡蛋 4 ½ 分钟，煮鸡蛋煮 5 分钟。沥干水分，让鸡蛋在冷水中静置 5 分钟，然后再剥皮。）

h) 炖25分钟后，将面条和蘑菇放入锅中；煮滚。牛肉面汤煮沸后，加入西洋菜，然后立即关火。搅拌直到蔬菜开始枯萎。

i) 上桌时，将面汤均匀地分成4碗；淋上芝麻油。每个碗中放入一个半熟鸡蛋；撒上葱花。享受！

91. 西葫芦面条河粉

原料：

- ½磅顶级沙朗牛排
- 4个西葫芦
- 1 英寸大块新鲜生姜，切片
- 2 肉桂棒
- 1 汤匙酱油（无麸质版本使用塔玛利酱或椰子氨基）
- 2 八角
- 3整个丁香
- 4杯牛骨汤
- 1汤匙鱼露

配料：

- 2把豆芽

- 混合香草（香菜、罗勒或两者兼而有之）
- 1 个墨西哥辣椒，切片（可选）
- 2 根葱，切碎
- Sriracha、海鲜酱和酸橙角

指示：

a) 将沙朗牛排放入冰箱冷冻 15 分钟，以便于切片。

b) 使用螺旋器或切丝削皮器制作西葫芦面条。将 zoodles 分成两个大碗。

c) 在一个中等大小的平底锅中，用中火烤肉桂棒、八角和丁香直到散发出香味。在锅中加入骨汤，然后加入生姜、酱油和鱼露。煮沸并炖 10 分钟，让香料充分融入肉汤。

d) 把牛肉从冰箱里拿出来，切成细条。把牛肉分成两份，放在碗里的动物园里。

e) 汤煮好后，也将其分成两份，然后将热汤倒入碗中。牛肉会立即开始烹饪，颜色会发生变化。

f) 在河粉上放上豆芽、新鲜香草、胡椒片和葱，淋上是拉差或/和海鲜酱，再挤一些酸橙汁，然后啜饮！

92. 馄饨肉汤配香肠和羽衣甘蓝

原料：

- ½ 磅温和（或热）意大利香肠，去肠衣
- ¼ 杯洋葱，切丁
- 2 支芹菜，切丁
- ¼ 杯冷冻胡萝卜和豌豆
- 12 盎司意大利面酱
- 4 杯鸡骨汤（2 箱）
- ¼ 杯晒干的西红柿
- 1 包（9 盎司）奶酪馄饨
- 半包 1（8 盎司）小羽衣甘蓝套装
- 2 汤匙部分脱脂乳清干酪

指示：

a) 用中高温预热一个大平底锅。棕色香肠 5-7 分钟，搅拌使肉碎。煮到没有粉红色残留。将洋葱、芹菜、胡萝卜和豌豆加入香肠中，煮 4 分钟，经常搅拌。

b) 将热量降至中低。加入意大利面酱、鸡骨汤和晒干的西红柿。炖 8-10 分钟，偶尔搅拌。

c) 在酱汁中加入馄饨；煮 4-5 分钟或直到馄饨变软。

d) 服侍时，将肉汤分成两个碗。在每个碗上放上一把沙拉蔬菜，然后撒上沙拉配料，再淋上调味汁。每碗加入 1 汤匙意大利乳清干酪，即可食用。

93. 15 分钟火鸡河粉

原料：

- 2 肉桂棒
- 2 八角
- 3整个丁香
- 4 杯鸡骨汤（2 箱）
- 1 盎司鲜姜，切片
- 1汤匙鱼露
- 1汤匙椰子氨基或酱油
- 4 盎司河粉/米粉
- 2 杯冷冻亚洲炒蔬菜
- 3 杯剩下的火鸡肉

- 新鲜香菜、酸橙角、是拉差或/和海鲜酱供食用

指示：

a) 将肉桂棒、八角茴香和丁香放在中等大小的平底锅中，用中高火烤至香，约 2 分钟。

b) 在平底锅中加入火鸡或鸡骨汤、生姜、鱼露和酱油。煮沸，文火煮 5 分钟。

c) 与此同时，将 2 夸脱水放入另一个平底锅中煮沸。加入面条，煮 2-3 分钟。沥干并均匀地转移到两个碗中。

d) 丢弃肉汤中的香料。加入蔬菜并加热。再次煮沸或直到蔬菜变软。

e) 服侍时，将一半火鸡放入一个碗中，放在面条上。将一半的肉汤倒在上面，包括蔬菜。在上面撒上新鲜的香菜、是拉差酱和/或海鲜酱。加入一点新鲜的酸橙汁即可食用。对另一个碗做同样的事情。享受！

94. 慢炖法式洋葱汤

原料：

- 3 磅黄洋葱，去皮切片
- 2汤匙橄榄油
- 1茶匙盐，加上更多的味道
- 现磨黑胡椒
- 2汤匙香醋
- 10杯牛骨汤
- 3汤匙雪利酒，可选择的
- 组装肉汤：
- 每碗 6 片长棍面包
- 1 ⅓ 到 2 杯磨碎或切碎的格鲁耶尔奶酪
- 装饰用切碎的欧芹

指示：

a) 将洋葱放入 6 夸脱的慢炖锅中。加入黄油和橄榄油。用盐和胡椒调味。盖上锅盖，低火煮 12 小时。

b) 加入香醋和牛骨高汤。如果使用，添加雪利酒。

c) 盖上盖子，再低火煮 6-8 小时。

d) 将烤箱预热至 350°F。

e) 将肉汤和洋葱分装并舀入烤箱安全的碗中，然后将碗放在烤盘上。

f) 在每个碗上放上一片吐司和大量磨碎或切碎的格鲁耶尔奶酪。

g) 在烤箱上三分之一的架子上烘烤 20-30 分钟或直到奶酪融化。

h) 将烤箱切换为烤肉汤，烤 2-3 分钟，直到奶酪变成褐色。

i) 用切碎的欧芹装饰，趁热食用。

95. 一锅鸡汤

原料：

- 2汤匙橄榄油
- 1 个大洋葱，切丁
- 2 杯胡萝卜，切丁
- 粗盐
- 3 瓣大蒜，切碎
- 3 支芹菜，切丁
- 1 个青椒，切丁
- 8 盎司蘑菇，切片
- 4 杯鸡骨汤（2 箱）
- 2 杯红莎莎酱

- 2 杯绿色莎莎酱
- 1茶匙干罗勒
- 8盎司鸡蛋面（可选）
- 4 杯烤鸡，切丝或切成一口大小的块
- 新鲜香菜和青柠块供食用

指示：

a) 在一个大汤锅中，用中高温加热橄榄油。加入洋葱和胡萝卜，然后加入少许盐。炒至洋葱呈半透明状，胡萝卜开始变软，大约需要 5 分钟。加入大蒜，煮至香，约 30 秒。

b) 在锅中加入芹菜、灯笼椒和蘑菇。将鸡骨汤倒在蔬菜上，加入红莎莎酱和绿莎莎酱搅拌。

c) 加入干罗勒并混合。

d) 没有面条：用文火慢炖，盖上盖子，用中火煮 15 分钟或直到

e) 蔬菜很嫩。配面条：烧开，加入面条，用大火煮8-10分钟，直到面条变软。那时蔬菜应该变软了。

f) 揭开盖子，将热量降至中低。加入鸡肉，让鸡肉热透，不时搅拌。尝一尝，如果需要的话再加点盐。

g) 远离热源。装盘并用新鲜的香菜叶装饰。与青柠角一起食用。享受！

96. 正宗泰式蔬菜汤

原料：

- 1 罐（13.66 盎司）无糖椰奶
- 2 杯鸡骨汤（1 箱）
- ½杯南瓜泥（可选）
- ¼ 杯高良姜，切片
- 1 根柠檬草，切成 1 英寸长的片
- ¼ 杯洋葱，切片
- 1 杯西兰花小花，切碎
- ½杯胡萝卜，切片
- ½杯硬豆腐，切片
- 1 个罗马番茄，切片

- 1 杯蘑菇，切片
- 2汤匙鱼露（或酱油或椰子氨基）
- 1茶匙红糖
- 盐的味道
- 2汤匙酸橙汁
- 1 根葱，切碎
- ½茶匙红辣椒片
- 装饰用新鲜香菜叶和上菜用青柠块

指示：

a) 在大锅中混合椰奶、鸡骨汤和南瓜泥。搅拌并煮沸。

b) 在平底锅中加入高良姜、柠檬草、洋葱、西兰花和胡萝卜；用大火煮 2-3 分钟或直到散发出香味。

c) 加入豆腐、番茄和蘑菇；再次煮沸。继续烹饪直到蔬菜煮熟。

d) 用鱼露（酱油或椰子酱）、糖和少许盐调味。

e) 关掉暖气。丢弃柠檬草和高良姜。加入酸橙汁、葱和碎辣椒。

f) 装盘并用香菜叶装饰。享受！

97. 慢炖锅上海式牛肉罗宋汤

原料：

- 2汤匙橄榄油
- 2 杯牛肉骨汤（1 箱）
- 2汤匙黄油
- 1 罐（6 盎司）番茄酱
- ¼ 杯通用面粉
- 1 罐（14.5 盎司）西红柿丁
- 1 个中等大小的洋葱，切片
- 1 片月桂叶
- 1磅炖牛肉
- 1茶匙盐

- 2 根芹菜，切碎
- 2汤匙红糖
- 1 杯胡萝卜，切碎
- ½茶匙黑胡椒粉
- 1 个大黄褐色土豆，切丁
- 3 杯绿色卷心菜，切成薄片
- 4 瓣大蒜，切碎
- 切碎的新鲜罗勒作为装饰

指示：

a) 在平底锅中用中火将黄油和橄榄油融化，制成面粉糊。黄油完全融化后，将火调小，加入面粉；不断搅拌，直到混合物混合均匀。

b) 将洋葱加入面糊中；将热量增加到中高热量。搅拌直到洋葱被涂好并散发出香味；将混合物转移到慢炖锅中。

c) 将除卷心菜外的所有其他配料放入慢炖锅中。搅拌均匀，盖上盖子，低火煮 8 小时。

d) 加入卷心菜，将慢炖锅调至高档。再煮 30 分钟或直到卷心菜变软。

e) 品尝并根据需要添加更多的盐或糖。装盘，用罗勒装饰，然后搭配您最喜欢的面包食用。

98. 慢炖锅豌豆汤

原料：

- 1 杯黄洋葱，切丁
- 2 瓣大蒜，切碎
- ½茶匙干牛至
- 1½茶匙粗盐
- 1茶匙黑胡椒粉
- 2 杯胡萝卜，切丁
- 1 杯红土豆，切丁
- 1 杯芹菜，切丁
- 1磅干豌豆
- 8 杯牛骨汤（4 箱）
- 煮熟的培根片和切碎的香菜作为装饰

指示：

a) 将所有原料放入 4 夸脱（或更大）的慢炖锅中。盖上锅盖，低火煮 8-10 小时。

b) 如果需要，可以通过添加更多盐来品尝以调整风味。

c) 盛入碗中，在上菜前在上面放上煮熟的培根片和新鲜的香菜叶。

d) 享受！

99. 经典馄饨汤

原料：

- 40个大馄饨皮

馄饨馅料——虾：

- 20 只中等大小的虾，去皮去内脏，纵向切成两半
- ½茶匙粗盐
- ½茶匙玉米淀粉
- 1 茶匙特级初榨橄榄油

馄饨馅——猪肉：

- 1 磅 80% 瘦猪肉
- 1.5 汤匙鲜姜，切碎
- 1汤匙绍兴黄酒
- 2汤匙生抽

- 2 茶匙玉米淀粉
- 1茶匙红糖
- 2 汤匙特级初榨橄榄油
- ½ 茶匙粗盐，分开
- 6 盎司西洋菜，切碎（约 4 杯）

对于馄饨汤底：

- 8 杯鸡骨汤（4 箱）
- 2 杯西洋菜或其他所需的绿色蔬菜（可选）
- 盐和胡椒粉调味
- 装饰用葱花
- 淋上辣椒油或芝麻油（可选）

指示：

a) 结合虾馅**成分：**在一个小碗里搅拌均匀。搁置。

b) 将猪肉、生姜、绍兴酒、生抽、玉米淀粉和糖放入一个大搅拌碗中混合。搅拌均匀。

c) 在猪肉混合物中加入橄榄油、盐和西洋菜。用双手将所有成分混合在一起。

d) 撒上少许面粉，准备一个平坦的工作台面。用你的手把它摊开。一边准备一小碗水。

e) 现在包馄饨。将一个包装纸平放在一只手的手掌上，窄边朝向您。舀起大约 1 汤匙猪肉馅，放在馄饨皮的中央。在上面加一片虾。

f) 提起包装纸的窄边并向包装纸的宽边折叠，完全覆盖填充物。窄边应该上升到宽边留下大约半英寸空间的位置。

g) 将拇指轻轻浸入水中。用你的手指将馅料周围的包装纸的窄边和宽边捏在一起，然后将馄饨弯曲成护士帽的形状，用湿拇指将两端压在一起。

h) 对其余的包装纸重复上述步骤，将馄饨单层放在工作面上，每层之间留一点距离。

i) 把一大锅水烧开，加入你想煮的馄饨的数量。让它们煮沸约 5 分钟，直到它们漂浮起来。尝一口，看馅是否熟透。

j) 同时，将鸡骨汤h（10-12 个馄饨 2 杯）放入另一个锅中煮沸。添加一些豆瓣菜或您想要的绿色蔬菜，例如小白菜。煮至蔬菜枯萎，大约 1-2 分钟。盐和胡椒调味。

k) 将肉汤汤底倒入碗中，用漏勺将煮好的馄饨倒入碗中。用切碎的葱装饰，并根据需要淋上热辣椒油或芝麻油。享受！

100. 新英格兰蛤蜊汤

原料：

- 6-7 片培根，切成小块
- 3汤匙面粉
- 1磅红色或黄色土豆
- 1 杯浓奶油
- 1 个中等大小的白洋葱，切丁
- 1 杯牛奶，被分割的
- 1 罐（10 盎司）整只小蛤蜊
- 1 杯鸡骨汤，被分割的
- 2根芹菜茎，切碎
- 3汤匙无盐黄油

- 1茶匙莳萝草
- 盐和胡椒粉调味

指示：

a) 在一个中等大小的平底锅中，用中火将培根煮至酥脆。偶尔搅拌（约 10 分钟）。

b) 当培根在煮的时候，做芹菜奶油汤。在中型煎锅中，用中火融化黄油。加入 ¼ 杯切碎的洋葱，炒香（3-5 分钟）。

c) 将芹菜放入煎锅中；搅拌并煮 2-3 分钟。

d) 撒上面粉，用洋葱和芹菜炒一两分钟。

e) 在 ½ 杯全脂牛奶和 ½ 杯鸡汤中搅拌。用文火煮 5-8 分钟，直到变稠。

f) 当芹菜汤奶油炖汤时，培根应该准备好了。将剩下的洋葱放入平底锅中搅拌，煮至半透明。

g) 加入蛤蜊汁和 ½ 杯鸡汤，然后加入土豆。盖上锅盖，用中火煮至土豆变软（约 15-20 分钟）。不时搅拌。

h) 在煮土豆的同时，检查并完成芹菜奶油汤汤。

i) 土豆煮熟后，加入蛤蜊、奶油芹菜肉汤、½ 杯牛奶、浓奶油和莳萝草。始终将所有东西搅拌在一起，然后用中低火将杂烩汤再煮 5 分钟。盐和胡椒调味。服务。

结论

滋养骨骼不仅是一本食谱，还是更健康、更充实的生活方式的指南。这本食谱提供了 100 种令人垂涎欲滴的食谱，每一种都附有精美的彩色图片，为您提供灵感和指导，帮助您制作美味营养的餐点，滋养您的身心。

当您探索不同的食谱时，您会发现骨汤的好处以及它如何改善您的整体健康和福祉。您还将学习如何以各种富有创意和美味的方式将骨汤融入您的日常饮食中。

当你读完这本食谱时，你将对骨汤的治疗能力和它所呈现的无限可能性有了新的认识。无论您是新手还是经验丰富的厨师，养骨都会成为您一次又一次回访的宝贵资源。

我们都知道骨骼是钙和镁等必需营养素的仓库。它们也是胶原蛋白和明胶的来源，这两种营养素可以对您的皮肤、关节和肠道健康产生重大影响。

将骨头炖至少 20 小时还有助于释放氨基酸脯氨酸、甘氨酸和谷氨酰胺，进一步支持关节和肠道健康，并有助于减少全身炎症。最重要的是，长时间的炖煮可以让骨汤中的所有有益营养素变得更具生物利用度，这意味着它们非常容易被我们的身体消化和吸收。

CPSIA information can be obtained
at www.ICGtesting.com
Printed in the USA
LVHW081921220323
742311LV00009B/637

9 781783 572533